Alvar Aalto

# Editorial Gustavo Gili, S. A.

**08029 Barcelona**   Rosselló, 87-89. Tel. 322 81 61
**28006 Madrid**   Alcántara, 21. Tel. 401 17 02
**1064 Buenos Aires**   Cochabamba, 154-158. Tel. 361 99 98
**México, Naucalpan 53050**   Valle de Bravo, 21. Tel. 560 60 11
**Bogotá**   Calle 58, N.º 19-12. Tels. 217 69 39 y 235 61 25

# alvar aalto

Karl Fleig

GG®

Traducciones/Translations
Lucy Nussbaum de Perdigó/Clare Nelson & Graham Thomson

Diseño cubierta/Cover design
Quim Nolla

3.ª edición español/inglés: 1992
3rd spanish/english edition: 1992

© 1974 Verlag für Architektur Artemis Zürich
   and for this edition Editorial Gustavo Gili, S. A., Barcelona

ISBN: 84-252-1398-3
Depósito legal: B 22.496-1992
Printed in Spain by Ingoprint, S.A. - Barcelona

# Urbanismo

# Urban design

**Centro de la ciudad, Seinäjoki**
Iglesia: Concurso 1952. Construcción 1958-60
Centro parroquial: Concurso 1959
Ayuntamiento: Proyecto 1960. Construcción
1962-1965
Biblioteca: Proyecto 1963. Construcción
1964-1965
Presbiterio: Proyecto 1963. Construcción
1964-1966
Teatro: Proyecto 1968-1969

**Town centre, Seinäjoki**
Church: Competition 1952. Construction 1958-60
Parish centre: Competition 1959
Town hall: Project 1960. Construction 1962-1965
Library: Project 1963. Construction: 1964-1965
Presbytery: Project 1963. Construction 1964-1966
Theatre: Project 1968-1969

Se organizaron dos concursos: el primero
para el estudio del centro parroquial, en 1952,
y el segundo para el estudio del centro
administrativo y cívico, en 1959. Estos dos
estudios han sido reunidos formando un todo
coherente.
La idea rectora consiste en separar los
automóviles de los peatones.
La iglesia se halla emplazada en un atrio en
el que pueden reunirse gran número de fieles.
El verdadero centro cívico lo formará otra
plaza pública rodeada por el ayuntamiento,
la biblioteca y el teatro. Una parte del
espacio, cerca del ayuntamiento, se concibió
como una terraza.

Two competitions were held: the first for the study of
the parish centre, in 1952, and the second for the
study of the civic and administrative centre, in 1959.
These two studies were combined, forming a
coherent whole.
The governing concept was that of keeping vehicles
and pedestrians separate.
The church is situated in a square large enough to
accomodate a great number of worshippers.
The civic centre proper is to be another public
square delimited by the town hall, the library and the
theatre. Part of this space, next to the town hall, is
intended as a terrace.

Vista de la maqueta general

General view of the model

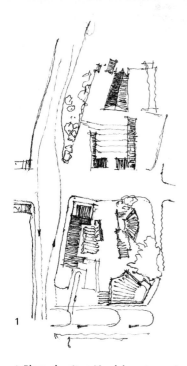

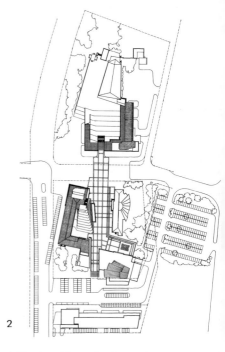

1 Plano de situación del centro: primer esbozo
2 Plano de la situación del centro
3 Ayuntamiento con el patio, la gran escalinata y la iglesia

1 Site plan of the centre: first version
2 Plan of the layout of the centre
3 The town hall with the courtyard, the large flight of steps and the church

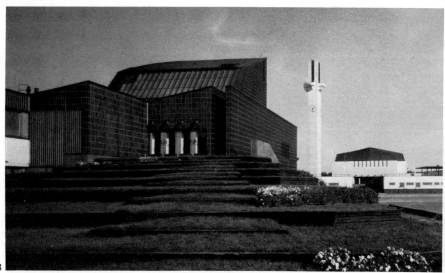

**Ciudad residencial Kampementsbacken,
Estocolmo (Suecia)**
Concurso 1958. 1.ᵉʳ premio. No realizado

**Kampementsbacken residential suburb,
Stockholm (Sweden)**
Competition 1958. 1st prize. Unbuilt

Este conjunto debía edificarse al norte de la ciudad, en un enorme espacio verde rodeado por un parque. Se tomaron las mismas disposiciones que en el edificio de la Interbau.
Gracias a la topografía, tanto la circulación rodada como los accesos y los garajes, pudieron colocarse al norte, de 3 a 6 m por debajo de las viviendas. De esta manera las zonas verdes y de juegos se encuentran al abrigo de las molestias del tráfico.

This complex was to have been built to the north of the city, in an enormous green space surrounded by a park. The arrangement is the same as that of the Interbau building.
Thanks to the topography of the site, it was possible to keep vehicular traffic and access to the garages to the north, from 3 to 6 m below the level of the housing, leaving the landscaped area and play areas free from traffic.

Proyecto del plano de situación

Site plan

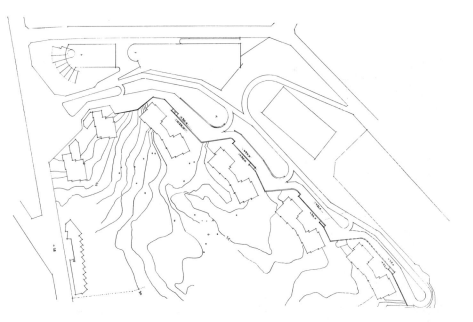

**Ciudad residencial de Bjoernholm**
Proyecto 1959

Este conjunto se encuentra en la periferia de la ciudad, en el característico archipiélago de la costa meridional de Finlandia.
En este magnífico paisaje de numerosas islas, al borde del mar, debía construirse una ciudad residencial. Los terraplenes permitieron recuperar superficies para edificar, rodeadas de lagunas.
Las casas se adaptan a las pendientes y se agrupan alrededor de las lagunas, lejos de las molestias de la carretera que nutre la ciudad residencial.
Existen tres tipos de edificios y un centro comercial y hotelero. Uno de los tipos está representado por una casa de seis plantas como máximo, que recuerda la Interbau de Berlín, en el barrio de la Hansa.

**Bjoernholm residential town**
Project 1959

This complex is located on the outskirts of the city, in an archipelago characteristic of the southern coast of Finland.
A residential town was to be built in this magnificent setting by the sea, with its numerous islands. Land reclamation made the recovery of areas for building possible, surrounded by lagoons.
The houses are adapted to the sloping terrain and grouped around the lagoons, at a distance from the major roads which feed the residential town.
There are three building types, and a commercial centre and hotel. One of these types is of a house of at most six storeys, reminiscent of the Interbau in the Hansa district of Berlin.

Maqueta del conjunto
A la izquierda, abajo: el centro comercial y el hotel
A la izquierda, arriba: las torres de viviendas con los terraplenes
A la derecha: las casas en alquiler
A la derecha, arriba: isla con viviendas unifamiliares contiguas

Model of the complex
Bottom left: the commercial centre and the hotel
Top left: the apartment blocks and the embankments of the reclaimed land
Centre right: rented housing
Top right: island with adjoining private houses

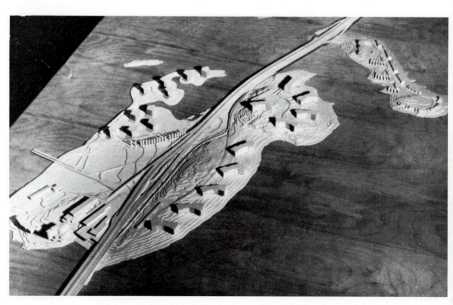

**Nuevo centro urbano, Helsinki**
Proyecto 1959-1964

**New town centre, Helsinki**
Project 1959-1964

Los principales sectores que constituyen el nuevo centro de Helsinki son: la plaza central, el parque Hesperia con sus edificios públicos a orillas del lago Töölö, que deberá ser equipado, la región de Kamppi que continuará y terminará el centro urbano en formación. A propuesta de las autoridades, la región de Pasila se incluyó en los estudios para crear otro centro.
La gran vía de acceso a la ciudad se levanta sobre la red ferroviaria, desde donde se divisan los barrios del oeste y del este. Así pues, la región de Kallio no se encuentra separada de los otros barrios de la ciudad sino que, por el contrario, forma con el barrio de Töölö el núcleo urbano.
Los edificios públicos están ordenados de manera que, vistos desde esta arteria, ofrecen una imagen característica del nuevo Helsinki.
Cuando se habla del centro de una ciudad, se distinguen dos aspectos. la fachada urbana y el paisaje natural. La primera resulta de los trazados clásicos del urbanismo; el segundo es una tentativa, frecuente en el siglo pasado, de salvaguardar la naturaleza, lo cual no siempre ha aportado resultados convincentes. En el caso de Helsinki, la organización del parque Hesperia y del lago Töölö, a pesar de algunos efectos emotivos y poéticos, no es acertada: la tentativa de introducir en el propio centro de la capital un lago semejante a los de los bosques de Carelia es pueril.

The main sectors of the new centre of Helsinki are: the central square, Hesperia park with its public buildings on the shores of lake Töölö, which could be developed as a recreational amenity, and the Kamppi district which will continue on from and mark the boundary of the new formation.
At the request of the local authorities the Pasila area was included in the studies for the new centre.
The major access road to the city is lifted up over the railway lines, from where the eastern and western parts of the city can be made out.
As a result the Kallio district is no longer separated from the rest of the city but, together with Töölö, forms part of the nucleus of the city.
The public buildings are laid out in such a way that, seen from this access road, they present an image characteristic of the new Helsinki.
In speaking of the centre of a city it is essential to distinguish between two aspects: the built urban facade and the natural landscape. The former is the product of the classical layouts of urban design; the second is an attempt, frequent during the 19th century, to preserve the natural environment, not always with convincing results. In the case of Helsinki the organization of Hesperia park and Töölö lake, despite some emotive and poetic effects, is not a success: the attempt at introducing a lake similar to those of the Karelian woods into the very heart of the capital is puerile.

Sketch of the plan

Boceto del plan

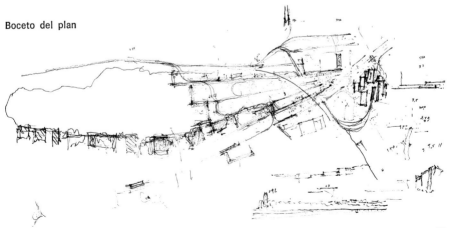

Maqueta. Vista de la autopista sobre el lago Töölö desembocando en los edificos públicos; detrás el centro comercial de Kamppi

Model. View of the motorway across lake Töölö, which ends by the public buildings; at the back, Kamppi commercial centre

Plano general del nuevo centro

General plan of the new centre

Los edificios públicos que bordean el parque Hesperia cuelgan parcialmente sobre la ribera y forman un conjunto con la vegetación y la superficie del agua. La disposición propuesta permite ampliar el parque y ofrecer mayor espacio a los peatones. Entre los edificios públicos se encuentran el Palacio de Congresos y las salas de conciertos al borde de la plaza triangular, donde dominan netamente. Al norte se hallan los edificios siguientes, de sur a norte: la Ópera, el Museo de Bellas Artes, la Biblioteca y algunos otros edificios públicos.

A lo largo de la ribera existe un paseo continuo para peatones formado por pórticos dispuestos bajo los edificios. A través de dichos pórticos se divisa el lago.

The public buildings which ring Hesperia park partially overhang the lakeside and compose a whole which includes the vegetation and the water's surface. The suggested layout makes it possible to enlarge the park and provide pedestrians with more space. The Congress building and the concert halls clearly stand out from the other public buildings around the triangular piazza. To the north the following buildings are ordered from south to north: the Opera house, the Museum of Fine Art, the Library and other public buildings.

Along the length of the lakeside is a continuous pedestrian walk passing through porticoes set beneath the buildings, through which there is a view of the lake.

Maqueta. Vista norte
con el parque Hesperia

Model. North view
with Hesperia park

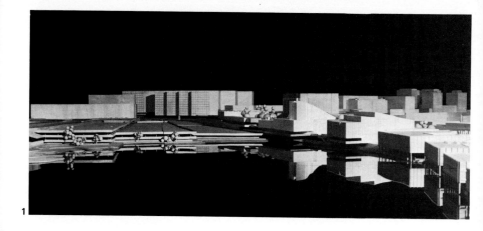

1 Maqueta. Detrás, la región de Kamppi
2 Vista de la maqueta
3 Plano de la planta baja
4 Maqueta del barrio de Kamppi; en primer plano la estación de autobuses

1 Model. To the rear, the Kamppi district
2 View of the model
3 Plan of the ground floor
4 Model of the Kamppi district; the bus station is in the foreground

La región de Kamppi, parcialmente equipada ya, formará la fase final del centro modernizado. Se asegura totalmente la separación de peatones y tráfico motorizado. La plataforma superior, que constituye una gran plaza con tiendas y almacenes, se reserva para los peatones. La plataforma inferior está reservada a los coches. Las plataformas restantes se destinan a los aparcamientos. La estación de mercancías ocupa la mayor parte de Pasila. En esta región se prevé la construcción de diversos centros administrativos independientes de las condiciones ferroviarias y aun sin tener su sede en el centro. Actualmente está en estudio el equipamiento detallado de Pasila en la oficina municipal del Servicio del Plan de extensión.

The district of Kamppi, which is already part finished, will be the final phase of the new modern centre. There will be a complete separatation of vehicular traffic and pedestrians. The upper level, a large square with shops and stores, is reserved for pedestrians, while the lower level is reserved for cars. The remaining levels are intended for car parking. The goods yard takes up the greater part of Pasila. It is envisaged that administrative centres for a number of firms still without a base in the capital will be built in this area, independent of the railway infrastructure. The detailed plan for the Pasila area is at present being studied by the local authority office responsible for the expansion Plan.

4

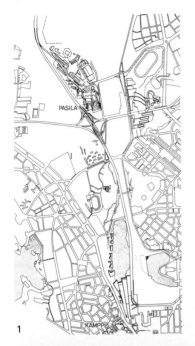

1

1 Plano de situación
2 Maqueta con bucle. Detrás, la región de Kamppi

1 Site plan
2 Model showing the curving motorway link. To the rear, the Kamppi district

2

**Nuevo centro urbano, Helsinki**
3.ᵉʳ proyecto 1971-1973

Se han conservado las ideas básicas del primer proyecto: la autopista de acceso al centro paralela a la vía del tren; los grandes garajes por debajo de las terrazas en abanico que conducen a la orilla del lago Töölö; a lo largo de la orilla, la sala de conciertos y el emplazamiento para otras instalaciones culturales. Los nuevos elementos son: la administración de Correos en la terraza superior, la Ópera, en el extremo del lago, y la plataforma peatonal que conduce al estadio olímpico.

**New town centre, Helsinki**
3rd project 1971-1973

The basic ideas of the first project have been retained: the motorway giving access to the town centre parallel to the railway line; the large car parks beneath the terraces which fan out towards the shore of lake Töölö; along the lakeside, the concert hall and the sites for other cultural amenities. The new elements are: the Post Office headquarters on the upper terrace, the Opera house, at the far end of the lake, and the walkway leading to the Olympic stadium.

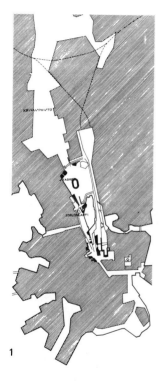

1

2

1 Plano general del nuevo y antiguo centro urbano de Helsinki
2 Plano del centro urbano, 3.ᵉʳ proyecto

1 General plan of the new and old town centres of Helsinki
2 Plan of the town centre, 3rd project

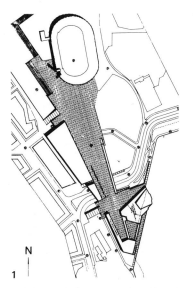

1 La comunicación entre la Ópera y el estadio
olímpico
2 Maqueta

1 The route linking the Opera house
and the Olympic stadium
2 Model

N

1

2

## Centro cultural, Leverkusen (Alemania)
Concurso 1962

## Cultural centre, Leverkusen (Germany)
Competition 1962

El concurso proponía un programa particularmente rico y variado. Se preveía un centro de jóvenes, una universidad popular, una gran sala polivalente con un cine, un teatro de bolsillo y otros dos teatros uno mayor y otro menor con un gran restaurante, un museo y la biblioteca municipal. Estas condiciones hacían particularmente difícil la solución del problema urbanístico y arquitectónico.

El centro cultural es a la vez un lugar de meditación y de cambio de impresiones. Se le dará pues preferencia en un lugar tranquilo. Pero en este lugar de emplazamiento era difícil cumplir dicha condición dado que Leverkusen se encuentra entre dos vías de gran circulación y una línea de ferrocarril. Se trataba, pues, de crear lejos del tráfico una explanada adecuada para peatones, una especie de ágora. Para aislar la línea del ferrocarril el arquitecto previó una inmensa muralla a modo de pantalla donde se adosan el centro de jóvenes, el conservatorio, la universidad popular y la gran sala, mientras el museo y la biblioteca municipal se hallan a lo largo del camino de Colonia con la prolongación de una zona verde plantada de árboles y arbustos. El parking se halla bajo la gran explanada.

The competition called for a particularly rich and varied programme. A centre for young people, a further education college, a large multipurpose hall with a cinema, a small theatre-in-the-round and two other theatres, one larger and one smaller, with a large restaurant, a museum and the municipal library were envisaged. These preconditions made the solution of the town planning and architectural problem particularly difficult.

At the same time the cultural centre was to be a place for reflection and for the exchange of ideas. The site should therefore be quiet and peaceful. This condition was, however, difficult to meet given that Leverkusen is situated between two busy traffic routes and a railway line. The aim, then, was the creation of an enclosed area suitable for pedestrians, a kind of agora, at a distance from the traffic. The architect proposed an immense wall in the form of a screen to shut out the railway line, with the youth centre, the conservatory, the college and the large auditorium backing onto it, while the museum and the municipal library would be situated along the Cologne road, with a green zone of trees and bushes continuing on from them. The car park would be located below the great esplanade.

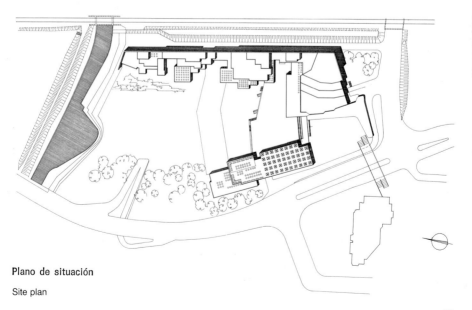

Plano de situación

Site plan

1 Planta principal con la explanada
2 Plano de la planta baja
3 Fachada a la carretera de Colonia
4 Muro de cerramiento visto desde la línea de ferrocarril

1 Plan showing the layout of the buildings and esplanade
2 Ground floor plan
3 Facade onto the Cologne road
4 Containing wall as seen from the railway line

1
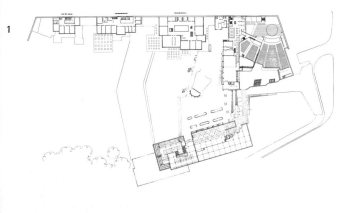

2
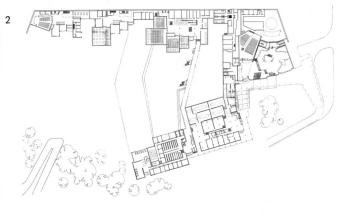

3

4

22

**Centro de la ciudad, Rovaniemi**
Proyecto 1963. En construcción desde 1965

**City centre, Rovaniemi**
Project 1963. On site since 1965

El centro de Rovaniemi debía ser equipado para contener la administración y los centros culturales. La torre del ayuntamiento y el teatro se levantan en la perspectiva de una calle. La sala de la biblioteca, en forma de abanico, divide el espacio de la plaza. La torre, por su altura y su forma, aporta un acento vertical a la composición horizontal.

The centre of Rovaniemi had to house the city's administrative and cultural centres. The Town Hall tower block and the theatre rise up to dominate the perspective of one street, and the fan-shaped main hall of the library divides the space of the square. The tower block, by virtue of its height and form, lends a vertical accent to the horizontal composition.

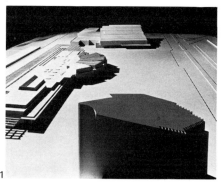

1 Maqueta, vista desde la torre del ayuntamiento
2 Plano de situación
3 Maqueta

1 View of the model from the Town Hall tower block
2 Site plan
3 Model

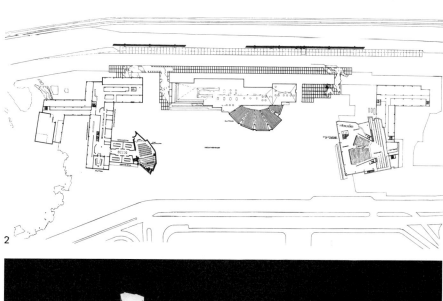

**Centro administrativo y cultural, Jyväskylä**
Proyecto 1964. En construcción

El nuevo centro administrativo y cultural se sitúa en un cuadrilátero del centro de la ciudad de Jyväskylä, inscrito en la habitual cuadrícula de las calles finlandesas. El nuevo edificio de la administración puede ser ampliado en cualquier momento. La sala del conjunto sobresale de la totalidad del conjunto y domina la plaza del ayuntamiento donde se halla una gran sala de teatro para diversos usos. La comisaría de policía está situada a lo largo de la avenida y delimita el parque dividido en dos partes distintas por el desnivel de la plaza del ayuntamiento. De esta manera se define claramente la zona peatonal.

**Jyväskylä administrative and cultural centre**
Project 1964. Under construction

The new administrative and cultural centre is situated in a quadrilateral in Jyväskylä city centre, set in the square grid typical of Finnish street layout. The new administration building can be extended at any time. The main hall of the complex projects up from the body of the building, dominating the square: this houses a large multi-purpose auditorium. Police headquarters are in the building which runs along the avenue, delimiting the park, divided into two parts by the change in level in the square. The result is a clear definition of the pedestrian precinct.

Maqueta

Model

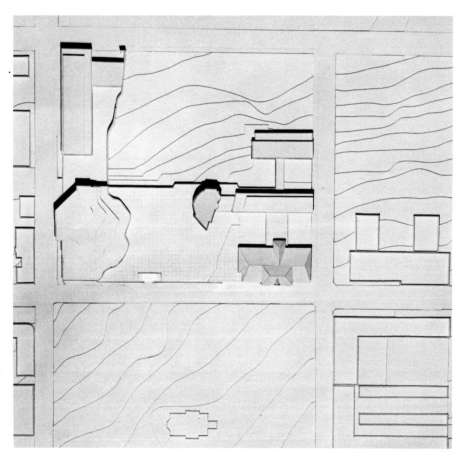

1 Fachadas. A la derecha,
  la comisaría de
  policía; a la izquierda,
  la administración local.
2 Plano de la planta baja
  con la explanada
3 Sección de la sala del
  consejo
4 Maqueta. En primer
  plano el edificio de la
  administración

1 Facades. On the right,
  police headquarters; on
  the left, local government
  administrative building
2 Plan of the ground floor
  and esplanade
3 Section of the council hall
4 Model. In the foreground,
  the administration building

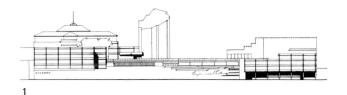

1

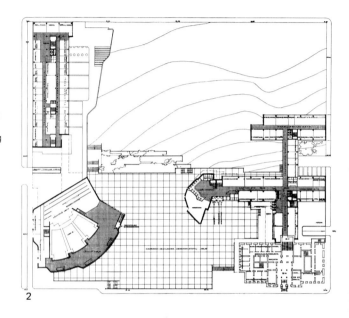

2

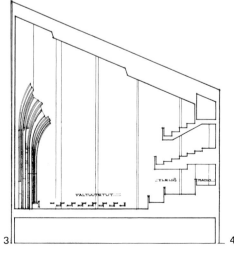

3

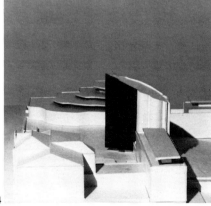

4

25

**Centro administrativo y cultural, Jyväskylä**
Proyectos 1964, 1970, 1972
Ejecución: 1.ª etapa 1976-1978

**Jyväskylä administrative and cultural centre**
Projects1964, 1970, 1972
Construction: 1st phase 1976-1978

El proyecto que aquí se describe corresponde a la 3.ª etapa. Los elementos básicos del conjunto se diferencian unos de otros por su arquitectura, como se ve en la gran «piazza» con el nuevo y el antiguo ayuntamiento y el teatro. La zona verde para el público se ha reducido por la ampliación de las instalaciones administrativas. La comunicación mediante terrazas escalonadas entre la «piazza» y las áreas verdes se puede utilizar para conciertos, fiestas y representaciones teatrales. El nuevo edificio administrativo podrá ser construido en diferentes etapas.

The project described here corresponds to the last of the three noted above. The basic elements of the complex are differentiated from each other by their architectural character, as can be seen in the large "piazza" with the old and new town hall buildings and the theatre. The landscaped area accessible to the public has been reduced by the expansion of the administrative centre. The stepped terraces which communicate between the "piazza" and the lanscaped area can be used for concerts, festivals and theatrical performances. The new administrative building can be costructed in a succession of separate stages.

Plano de situación de la 3.ª etapa

Site plan of the 3rd phase

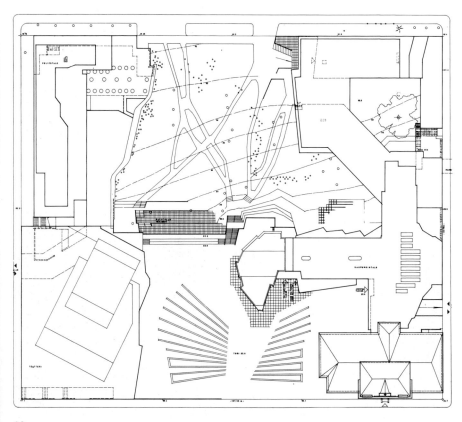

1

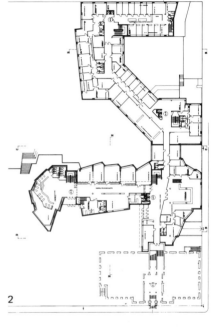

1 Fachada de acceso a la «piazza», al antiguo ayuntamiento y al teatro
2 Plano de la planta a nivel de la «piazza» con el acceso a la torre del consejo y a la administración
3 Maqueta

1 Facade giving access to the "piazza", the old town hall and the theatre
2 Plan of the "piazza" level with the access to the council and administration buildings
3 Model

2

3

27

**Centro urbano, Castrop-Rauxel (Alemania)**
Concurso 1965

**Town centre, Castrop-Rauxel (Germany)**
Competition 1965

El equipamiento preveía dos zonas separadas para peatones, en suma, dos explanadas distintas y un parking situado aparte. La fachada del edificio administrativo, el ayuntamiento y la gran sala encuadran la plaza que se abre sobre la arteria principal. La plaza se halla a un nivel superior al de la

The brief called for two separate zones for pedestrians: two distinct esplanades and a car park set apart from them.
The facade of the administrative building, the town hall and the large auditorium frame the square, which opens out onto the main through-route for traffic. The square is on a higher level than the road,

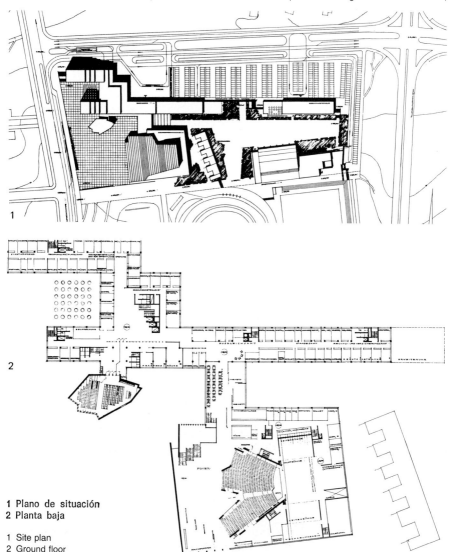

1 Plano de situación
2 Planta baja

1 Site plan
2 Ground floor

arteria principal a la que le une una rampa. La otra plaza, que da al centro deportivo, al estadio y al centro sanitario, es ovalada. Las viviendas se proponen fuera de la composición central.

and connects with it by means of a ramp. The other square, wich gives onto the sports centre, stadium and health centre, is oval. Housing is intended to be situated outwith the grouping of the centre proper.

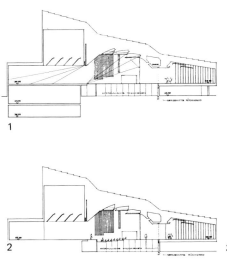

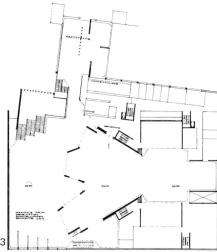

1 Gran sala con los paneles montados
2 Variante para exposiciones y pequeña sala de conferencias
3 La planta y las secciones de la sala muestran las diversas posibilidades de uso. La sala y el escenario están formados por diversos paneles regulares que pueden ser montados y desmontados
4 Fachada oeste, vista desde la arteria principal; a la derecha la gran sala
5 Fachada sur

1 Large auditorium with panelling in place
2 Variant adapted for exhibitions with a small lecture theatre
3 The plan and sections show the variety of possible uses. The auditorium and stage are made up of a number of regular panels which can be set up or taken down
4 West facade as seen from the road; to the right, the auditorium
5 South facade

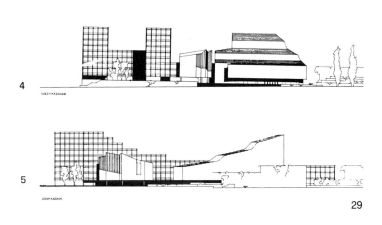

**Conjunto de viviendas, Pavía (Italia)**
Proyecto 1966

**Housing complex, Pavia (Italy)**
Project 1966

En la periferia de la ciudad de Pavía debía construirse una ciudad satélite para 12.500 habitantes. La autopista Milán-Roma atraviesa el vasto terreno de 970.000 m², delimitado al sur por el Tesino. A causa de la proximidad de la autopista, la disposición de las viviendas obedeció a consideraciones

A satellite town for a population of 12,500 was to be built on the outskirts of the city of Pavia. The huge 970,000 m² site is cut across by the Milan-Rome motorway, and the Tesino delimits it to the south. Given the proximity of the motorway the siting of the housing responded to considerations analogous to those of the M.I.T. dormitories in the university of

Plano de situación. La ordenación se realiza paralelamente a la autopista; en el centro, la vía transversal para peatones. Las carreteras siguen las líneas curvilíneas de manera discontinua, sin tocar todas las curvas, a partir de dos plazas radiales al este y al oeste del terreno. Este sistema permite separar automóviles y peatones.

Site plan. The arrangement is parallel to the line of the motorway; in the centre, the transverse pedestrian route. The roads follow the curving lines in a discontinuous fashion, without touching the curves, starting out from two radial squares at the east and west of the site. This system makes the separation of pedestrians and vehicles possible.

análogas a las de los dormitorios del M.I.T. en la universidad de Cambridge (Mass) de manera que las formas curvilíneas imposibilitaron la vista directa sobre la autopista. El conjunto de las casas se reguló mediante una cuadrícula.

Cambridge (Mass.): the curvilinear forms prohibit the direct view of the motorway. The layout of the housing complex is based on a rectangular grid.

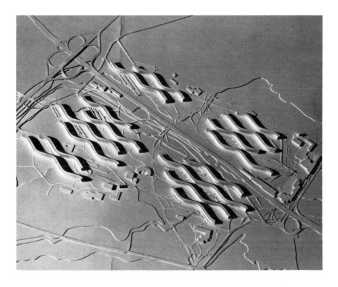

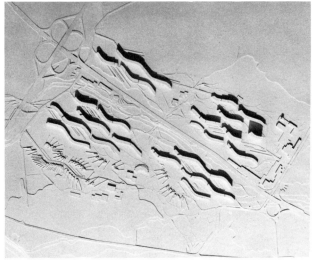

1 Maqueta del primer proyecto con la cuadrícula primitiva
2 Maqueta con la modificación de la cuadrícula y los cuerpos de los edificios diferenciados en altura y anchura y viviendas unifamiliares

1 Model of the first project with the original grid plan
2 Model with the modified grid and the buildings differentiated in height and width, including individual private houses

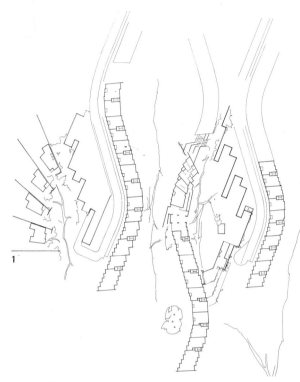

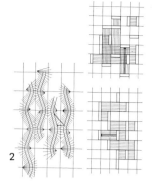

2

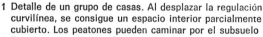

1 Detalle de un grupo de casas. Al desplazar la regulación curvilínea, se consigue un espacio interior parcialmente cubierto. Los peatones pueden caminar por el subsuelo
2 Esquema comparativo de la cuadrícula rectangular con las casas aisladas y la regulación curvilínea
3-4 Vistas de la maqueta del este y el oeste

1 Detail of a group of houses. The displacement of the standard curvilinear form creates a partly covered interior space. Sunken pathways provide for the movement of pedestrians
2 Comparative study of the rectangular grid showing the individual houses and the curvilinear arrangement
3-4 Views of the model looking east and west

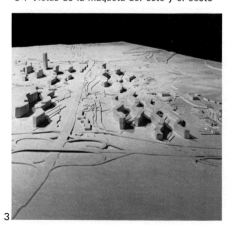

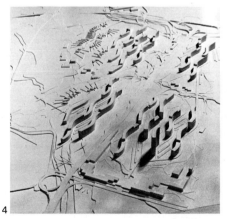

3

4

# Teatros
# y edificios culturales

# Theatres
# and cultural buildings

**Teatro finés, Turku**
Concurso 1927. Fin de la obra 1929

El teatro, rodeado de tiendas y despachos, forma parte de un gran conjunto. Está destinado a la representación de obras dramáticas y, por ello, no fue concebido para manifestaciones musicales. La sala constituye un cubo muy sencillo sin decoración alguna. Los tabiques y el techo son de estuco azul oscuro. Las lámparas doradas sobre soportes verticales aparecen como únicos elementos decorativos de la sala. Los proyectores se hallan en una especie de cúpula cónica cuyo trazado obedece al haz luminoso. Los asientos y los escalones están tapizados de telas grises y rosas.

**Finnish theatre, Turku**
Competition 1927. Construction completed 1929

Surrounded by shops and offices, the theatre is part of a large complex. It is intended for the performance of theatrical drama and was therefore not designed for music recitals. The auditorium consists of a simple cube with no decoration of any kind. The partition walls and roof are of dark blue stucco. The golden lamps on their vertical supports are the only decorative elements in the hall. The spotlights are housed in a kind of conical cupola whose form corresponds to that of the beam of light itself. The stairs and seating are covered in grey and pink fabric.

1 Proyectores
2 Sala

1 Spotlights
2 Auditorium

2

2 - KARL FLEIG

**Teatro y sala de conciertos, Kuopio**
Concurso 1951. No realizado

**Theatre and concert hall, Kuopio**
Competition 1951. Unbuilt

Kuopio, ciudad de la región de Finlandia central, posee un magnífico ayuntamiento de la mitad del siglo XIX. El proyecto preveía un teatro y una sala de conciertos no muy altos que hubieran llenado el vacío de la parte trasera del edificio existente. Mediante esta disposición se habría creado una segunda plaza pública semejante a la plaza del mercado situada frente al ayuntamiento. El edificio proyectado se encontraba en un ángulo del terreno en pendiente de modo que se conseguía un anfiteatro asimétrico sin escalera, con circulación interior sobre un único plano.

Kuopio, a city in the centre of Finland, possesses a magnificent mid-19th century town hall. The project proposed a theatre and a concert hall, neither very high, which would have filled the gap to the rear of the existing building. This arrangement would have created a second public square similar to the market square opposite the town hall. The proposed building would be situated in an angle of the sloping site in such a way as to create an asymmetrical amphitheatre without steps, circulation in the interior being on a single plane.

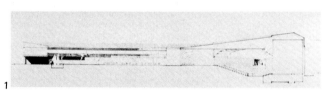

1

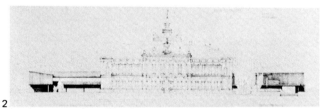

2

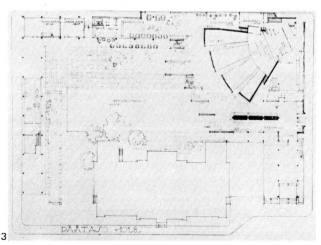

3

1 Sección de la sala
2 Fachada del ayuntamiento
3 Plano general. A la derecha, la sala

1 Section of the auditorium
2 Facade of the town hall
3 General plan. To the right, the auditorium

**«Casa de la Cultura», Helsinki**
Proyecto y construcción 1955-1958

**"House of Culture", Helsinki**
Project and construction 1955-1958

Esta casa, llamada «Kultuuritalo», es el centro de diversas asociaciones obreras. Se trataba de crear una sala para fiestas, congresos y conciertos. La acústica debía ser apropiada tanto para manifestaciones culturales como para discursos. De ahí la cubierta en hormigón revestida de madera y de ladrillo. La forma de los paramentos y de los techos se estudió teniendo en cuenta la absorción y el reflejo de las ondas sonoras. La ordenación general del interior no se altera cuando es preciso cambiar la disposición de los tabiques según el mayor o menor número de asistentes. La ordenación interior configura un exterior asimétrico. El edificio forma una masa monolítica de curvas variadas cuyas líneas son el resultado de ensayos sobre ladrillo como elemento constituyente, tanto en las formas cóncavas como en las convexas.

This building, known as "Kultuuritalo", is the centre for a variety of workers' associations. The intention was to create a hall for parties, conferences and concerts. The acoustics had to be suitable for both cultural performances and for debates. For this reason the concrete roof is clad in wood and brick. The form of the walls and roofs was studied from the point of view of the absorption and reflection of sound waves. The general arrangement of the interior is not affected when it becomes necessary to change the layout of the partitions to suit the number of people present. The arrangement of the interior creates an asymmetrical exterior. The building is a monolithic mass with various curves whose lines are the result of experiments with brick as a compositional element in both concave and convex forms.

Auditorio con la marquesina de la entrada     Auditorium with the entry porch

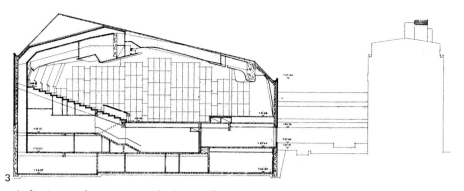

3

| 1 Auditorio con la marquesina de la entrada | 1 Auditorium with the entry porch |
| 2 El gran auditorio, vista interior. El tratamiento de los paramentos mejora la acústica | 2 The large auditorium, interior view. The treatment of the walls improves the acoustics |
| 3 Sección del gran auditorio | 3 Section of the large auditorium |
| 4 Planta del gran auditorio con despacho | 4 Plan of the large auditorium and office. |

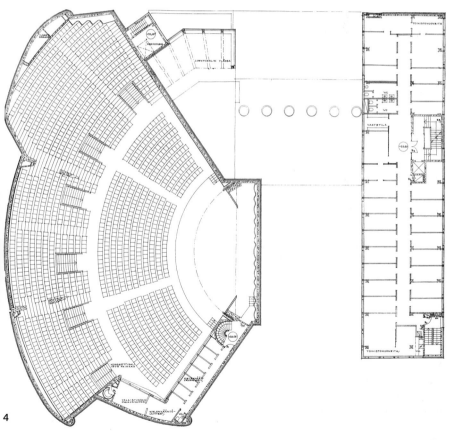

4

1 Vista de la fachada
2 El gran auditorio, vista exterior

1 View of the facade
2 The large auditorium, exterior
  view

**Centro cultural, Wolfsburg (Alemania)**
Concurso 1958. Construcción 1959-1962

**Cultural centre, Wolfsburg (Germany)**
Competition 1958. Construction 1959-1962

El centro cultural de Wolfsburg constituye la primera etapa de la construcción de un conjunto cuyo equipamiento definitivo no ha sido precisado.
Se encuentra en la plaza del ayuntamiento, lo cual indica que se beneficia de la protección de las autoridades municipales.
El objetivo del centro es la creación de un lugar de actividad intelectual que contrarreste la vida monótona y laboriosa de una ciudad industrial y procure algunas diversiones.
Aunque no esté al aire libre, es lícito establecer un cierto paralelismo con el ágora de la antigüedad helénica.
El edificio principal se divide en cuatro sectores reunidos bajo un solo techo:
1. Biblioteca municipal casi como una pequeña universidad popular; 2. salas de juegos; 3. clubs; 4. salas y techo-terraza para las grandes reuniones. Estos sectores están comunicados entre sí.

The cultural centre in Wolfsburg is the first stage in the construction of a complex whose definitive composition has not been specified.
Its situation in the square in front of the Town Hall shows the importance accorded it by the municipal authorities. The centre's purpose is the creation of a place for intellectual activity to counter the monotonous working life of an industrial city and provide recreational facilities.
Although this is a roofed building it would be valid to draw a parallel with the agora of ancient Greece.
The main building can be divided into four sections, all under the same roof:
1. The municipal library, almost like a small university; 2. Games halls; 3. Clubs; 4. Halls and a roof-terrace for large gatherings. These different sections communicate with each other.

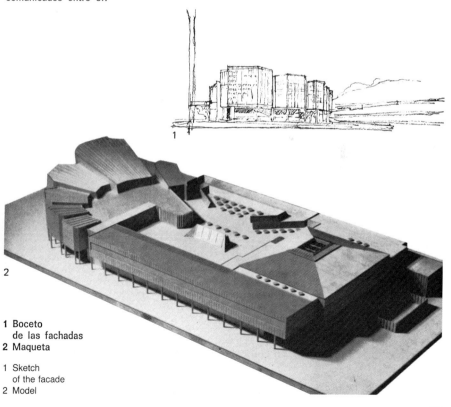

1 Boceto
  de las fachadas
2 Maqueta

1 Sketch
  of the facade
2 Model

39

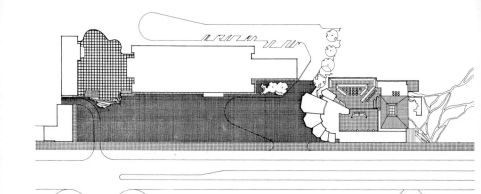

1

2

1 Plano de situación
2 Vista desde el ayuntamiento del patio interior del primer piso
3 Volúmenes de las salas de conferencias orientadas hacia la plaza del ayuntamiento
4 Patio interior hacia el centro de jóvenes
5 Sección longitudinal. En la planta baja se encuentra el hall, la sala polivalente y la sala de reunión del centro de jóvenes. En la planta, la sala de conferencias, el patio interior y el taller de los jóvenes
6 Piso superior. A la izquierda, los auditorios de la Universidad popular; a la derecha, los talleres y las salas del club; en el centro, patio de manifestaciones diversas
7 Plano de la entrada. A la izquierda, accesos a la biblioteca y a los auditorios; a la derecha, entradas del centro de jóvenes, biblioteca infantil y habitaciones.

3

4

1 Site plan
2 View of the interior patio on the first floor from the town hall
3 Volumes of the auditoria facing onto the Town Hall square
4 Interior patio looking towards the youth centre
5 Longitudinal section. The foyer, multi-purpose hall and meeting room of the youth centre are on the ground floor. On the first floor are the lecture hall, the interior patio and the workshop for young people
6 Upper floor. To the left, the auditoria of the further education centre; to the right, the workshop and club rooms; in the centre, the patio for events of various kinds
7 Plan of the entrance. To the left, accesses to the library and the auditoria; to the right, accesses to the youth centre, children's library and rooms

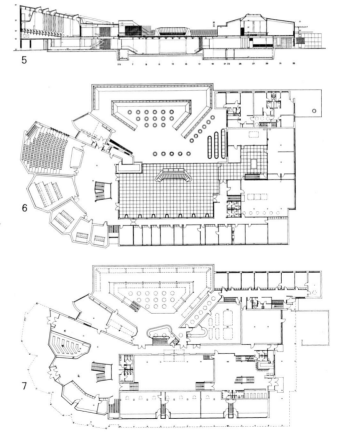

5

6

7

1 Gran hall con escalera a la sala de
  conferencias
2 Biblioteca
3 Distribuidor del taller del centro de jóvenes.
  En verano el techo puede abrirse por
  completo
4 Fondo de la gran sala con la cabina del
  operador

1 Main foyer with staircase to the lecture theatre
2 Library
3 Vestibule of the youth centre workshop. In
  summer the roof can be opened up completely
4 Back of the large auditorium with the control room

**Opera, Essen (Alemania)**
Concurso 1959. 1.<sup>er</sup> premio. Proyecto 1961-1964

**Opera house, Essen (Germany)**
Competition 1959. 1st prize. Project 1961-1964

La Opera está situada en un gran parque. La circulación rodada y la circulación peatonal están completamente separadas. La entrada principal está concebida de tal manera que un gran número de coches puedan estacionarse al mismo tiempo bajo la marquesina. La sala tiene forma de anfiteatro irregular. Al fondo, un tabique ondulado alberga palcos y balcones. La asimetría de la disposición permite que la sala no parezca nunca vacía aunque no esté completamente ocupada. La sala posee dos características esenciales: un espacio abovedado de color añil, sin aditamentos especiales, y superficies reflectantes o absorbentes (de color oscuro). La pared de los palcos forma un marcado contraste de tonalidades debido al revestimiento de mármol blanco uniforme o separado.

The Opera house is situated in a large park. Pedestrian and vehicular circulation are completely separated. The main entrance is designed so that a large number of cars can stop under the canopy at the same time. The auditorium is in the form of an irregular amphitheatre. At the back an undulating partition accomodates boxes and balconies. The asymmetry of the arrangement means that the auditorium never appears empty, even when not entirely full. The hall has two essential characteristics: a vaulted space, blue in colour, with no special additional features, and surfaces which are either reflective or absorbent (dark in colour). The wall with the boxes presents a marked contrast in tonality with its facing of white marble, at times continuous, at times separated.

Plano de situación

Site plan

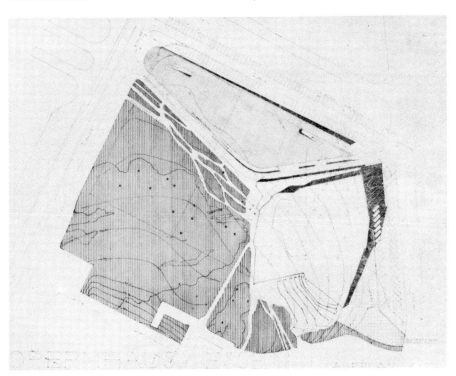

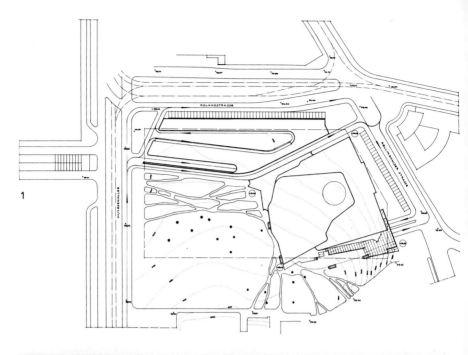

1

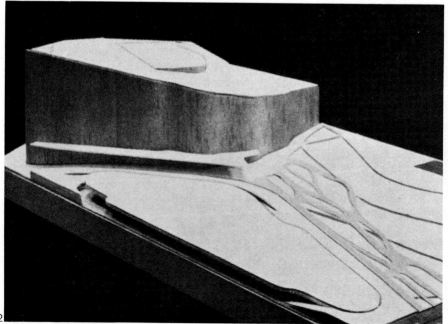

2

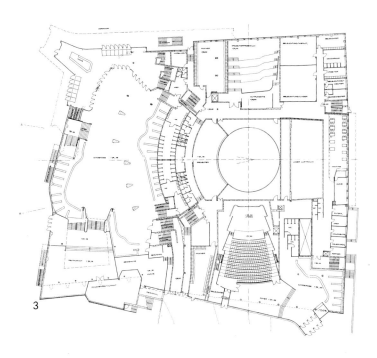

3

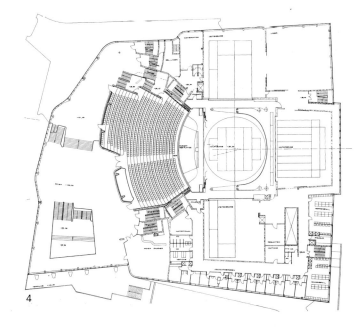

4

1 Plano de situación
2 Maqueta
3 Planta baja con
   vestuarios y
   escenario de
   ensayos
4 Sala con hall

1 Site plan
2 Model
3 Ground floor with
   dressing rooms and
   rehearsal stage
4 Auditorium and foyer

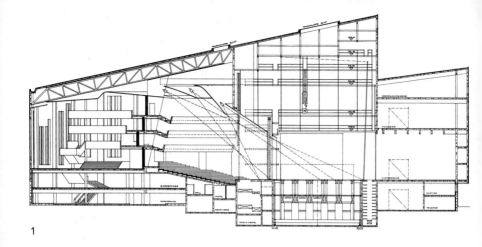

1

1 Sección de la sala
2 Sala y hall, esbozo
3 Maqueta con detalle del bajo relieve previsto
4 Maqueta con vista sobre el gran hall y las plantas superiores

1 Section of the auditorium
2 Auditorium and foyer (sketch)
3 Model with detail of envisaged bas-relief
4 Model showing view across the large foyer and the upper floors

2

3

4

**Casa del Norte, Reykjavik (Islandia)**
Proyecto 1962-1963. Construcción 1965-1968

**House of the North, Reykjavik (Iceland)**
Project 1962-1963. Construction 1965-1968

Este edificio es un pequeño palacio de congresos.
La casa fue donada por todos los gobiernos de los países nórdicos. Hay en ella una sala para conferencias y exposiciones, una biblioteca con una colección nórdica, varias salas de reunión y un café.

This building is a small conference centre.
The building was a gift from the governments of all the Nordic countries. It contains a hall for conferences and exhibitions, a library with a Nordic collection, a number of meeting rooms and a cafe.

1 Plano de situación
2 Vista de la fachada de entrada

1 Site plan
2 View of the facade and entrance

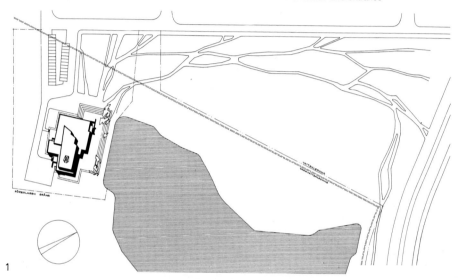

1

2

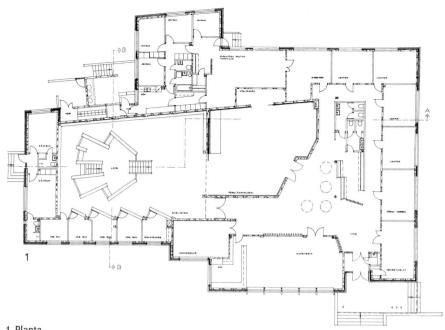

1 Planta
2 Sección longitudinal
3 Vestíbulo
4 Biblioteca

1 Plan
2 Longitudinal section
3 Vestibule
4 Library

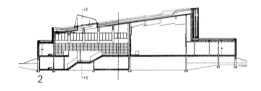

**Palacio de congresos con sala de conciertos, Helsinki**
Proyecto 1962. Construcción 1967-1971

**Conference centre with concert hall, Helsinki**
Project 1962. Construction 1967-1971

El edificio forma parte del nuevo centro urbano y se halla situado en los alredededores de las grandes terrazas en abanico. Se pudieron conservar los árboles existentes. La circulación peatonal corre a lo largo del parque Hesperia entre la avenida Mannerheim y la sala de conciertos. El programa preveía una gran sala para 1750 personas, una sala de 350 localidades para música de cámara y un restaurante subdivisible de 300 plazas.
Las salas de conciertos están enteramente separadas de la estructura de hormigón con juntas fónicas que se prolongan hasta los cimientos para obtener un perfecto aislamiento del ruido exterior.
El revestimiento de las fachadas es de mármol blanco y granito negro.

The building is part of the new town centre, and is situated in the vicinity of the great fan-shaped terraces. It proved possible to preserve the existing trees. Pedestrian circulation passes along the length of Hesperia park between Mannerheim avenue and the concert hall. The programme envisaged a large auditorium seating 1,750, a hall for chamber music with 350 seats and a restaurant with a capacity of 300 which could be subdivided as the occasion demanded.
The concert halls are completely separated from the concrete structure with phonic joints which extend down to the foundations to give perfect insulation from external noise.
The facing of the facades is of white marble and black granite.

Plano de situación

Site plan

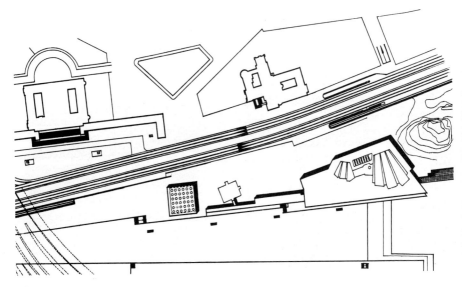

1 Vista del lago Töölö
2 Boceto de la planta de la sala de conciertos

1 View across lake Töölö
2 Sketch of the ground floor of the concert hall

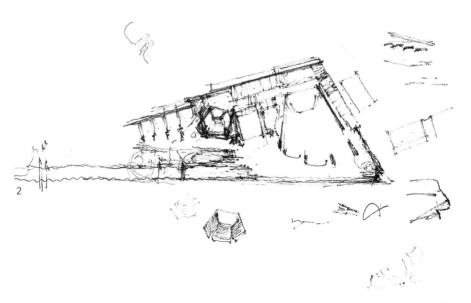

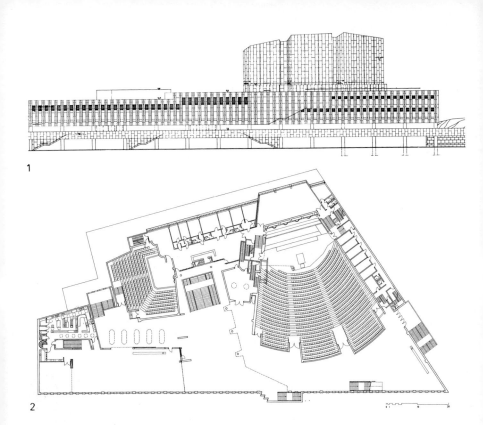

1

2

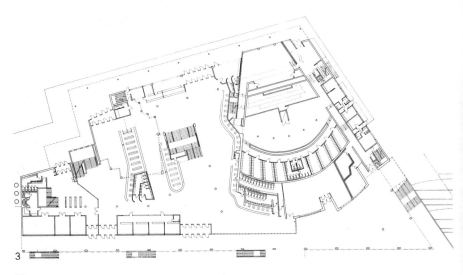

3

52

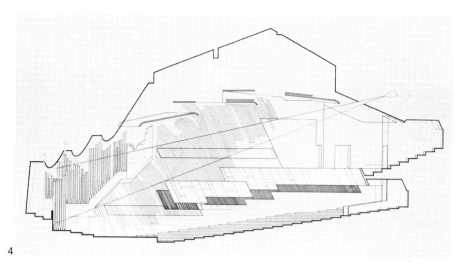

4

| 1 Alzado | 1 Elevation |
|---|---|
| 2 Planta de las salas | 2 Plan of the auditoria |
| 3 Planta baja. Cada uno de los tres sectores posee una entrada desde el largo costado del edificio | 3 Ground floor. Each of the three sectors has its own entrance from the long side of the building |
| 4 Sección transversal y vista del interior | 4 Transverse section and view of the interior |
| 5 Gran sala de conciertos | 5 Large auditorium |

5

1 Sala de música
de cámara
2 Vista de conjunto
3 Detalle del falso
techo y de la
pared de la gran
sala de concier-
tos
4 Detalle de la fa-
chada

1 Chamber music
auditorium
2 View of the complex
3 Detail of the false
ceiling and the wall of
the large auditorium
4 Detail of the facade

3

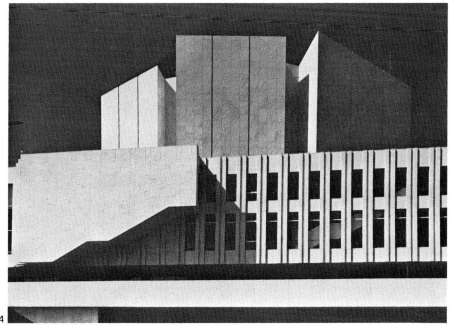

4

1 Detalle del foyer de la sala de conciertos
2 Detalle del foyer de la sala de conciertos con la escalera principal

1 Detail of the foyer of the auditorium
2 Detail of the foyer of the auditorium with the main staircase

**Palacio de congresos «Finlandia», Helsinki**
Proyecto 1970. Ejecución 1973-1975

**"Finlandia" conference centre, Helsinki**
Project 1970. Construction 1973-1975

El ala de la sala de congresos constituye una unidad independiente de la sala de conciertos construida con anterioridad. El acceso principal está frente a la zona ajardinada que da a la calle Mannerheim. En ocasiones especiales se podrá comunicar la sala de congresos con la de conciertos. El restaurante, independiente por el exterior, se comunica con la sala de congresos y la de conciertos. En una futura etapa se comunicará el ala de la sala de congresos con el museo de la ciudad.

The conference centre wing constitutes a separate entity from the previously constructed concert hall. The main entrance is opposite the area of garden which gives onto Mannerheim street. For special occasions there can be direct communication between the conference centre and the concert hall. The restaurant, with its own exterior, communicates with both. At a later stage the conference hall wing will link up with the city museum.

Fachada oeste

West facade

1

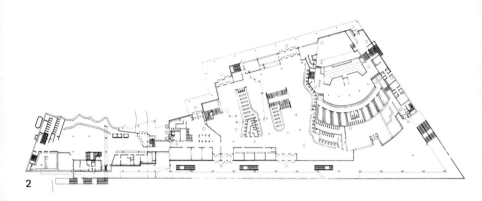

2

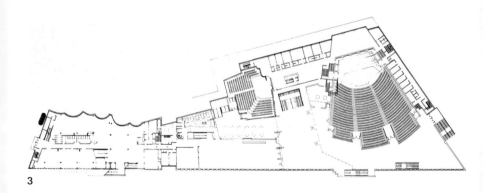

3

1 Fachada de acceso; a la derecha, el ala de congresos
2 Planta a nivel de la entrada
3 Planta a nivel del auditorio y las salas de conferencias con el restaurante

1 Entrance facade; to the right, the conference wing
2 Plan of the entrance level
3 Plan of the auditorium level with the conference halls and restaurant

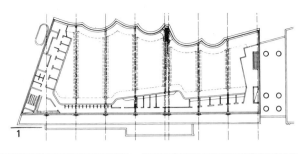

1 Planta con las cabinas
  de los intérpretes
2 Foyer
3 Detalle de la fachada
  este

1 Plan with interpreters' booths
2 Vestibule
3 Detail of the east facade  2

3

1-2 Detalles de la sala
de congresos con una
capacidad de 300
plazas y subdivisible

1-2 Details of the
conference hall with a
capacity of 300
(subdivisible)

**Centro cultural, Siena (Italia)**
Concurso 1966

**Cultural centre, Siena (Italy)**
Competition 1966

Se eligió un lugar excepcional para el nuevo centro cultural de Siena: el patio rodeado de paredes de una antigua fortaleza barroca. La dimensión de las fortificaciones hizo estallar el núcleo medieval de la ciudad; el célebre «Campo» podría ocupar ampliamente el espacio de las fortificaciones.

An exceptional site was chosen for Siena's new cultural centre: the walled courtyard of an ancient baroque fortress. The magnitude of the fortifications brought about the growth of the city's mediaeval nucleus; the celebrated "Campo" will be able to extensively occupy the area of the fortifications.

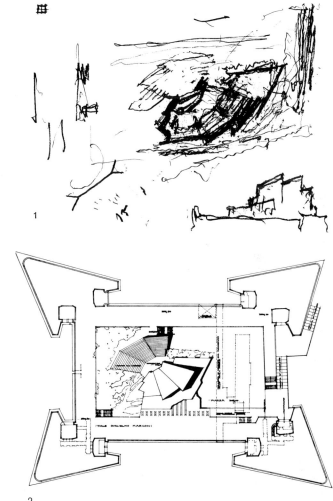

1

1 Primer croquis
2 Plano de situación del nuevo centro rodeado de los muros de las fortificaciones existentes

1 First sketch-design
2 Site plan of the new centre surrounded by the walls of the existing fortifications

2

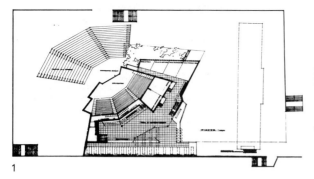

1

1 Plano de la planta baja.
   El fondo del escenario
   puede abrirse para
   permitir representaciones
   al aire libre
2 Planta del hall
3 Sección. El patio se halla
   parcialmente cubierto
   hasta la altura de las
   almenas
4 Alzado longitudinal. Las
   paredes blancas y lisas
   formarán un neto contraste
   con la vieja piedra de la
   fortaleza

1 Plan of the ground floor. The
   back of the stage can be
   opened up to allow open-air
   performances
2 Plan of the foyer level
3 Section. The courtyard is
   partially roofed up to the level
   of the battlements
4 Longitudinal elevation. The
   smooth white walls contrast
   sharply with the old stone of
   the fortress

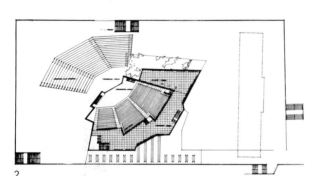

2

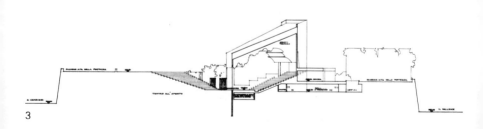

3

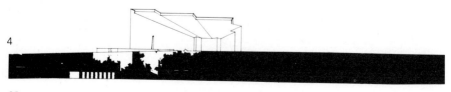

4

**Teatro, Wolfsburg (Alemania)**
Concurso 1966

**Theatre, Wolfsburg (Germany)**
Competition 1966

La tarea más importante era incorporar el edificio a la ciudad. La gran encrucijada separa el centro cultural, ya construido y la plaza del ayuntamiento.
La posición del teatro es ligeramente oblicua con respecto al eje de la avenida principal. El espacio frente al teatro es el contrapunto de la colina que se encuentra detrás y delimita la ciudad.
Los accesos para peatones se encuentran en parte bajo la avenida, en parte sobre la misma.

The most important task was the incorporation of the building into the city. The major traffic intersection separates the already built cultural centre from the town hall square.
The theatre is positioned slightly obliquely with respect to the axis of the main avenue. The space in front of the theatre is the counterpoint to the hill to the rear which delimits the city.
The pedestrian accesses are in part below the avenue and in part on top of it.

1 Croquis. Sección, el teatro visto desde la gran avenida con la colina al fondo
2 Plano de situación

1 Sketch design. Section showing the view of the theatre withe the hill in the background
2 Site plan

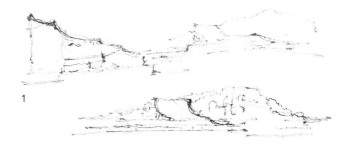

1

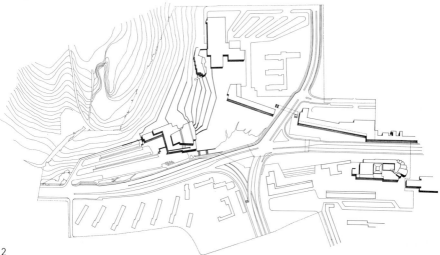

2

1 Planta baja
2 Planta principal
3 Fachada longitudinal

1 Ground floor
2 First floor
3 Longitudinal facade

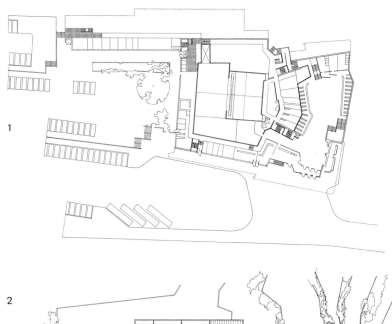

1

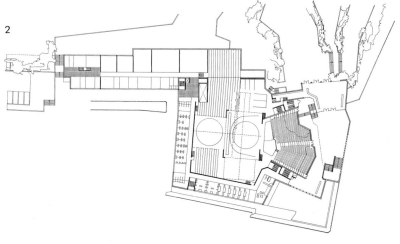

2

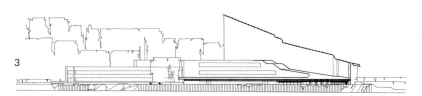

3

**Teatro, Seinäjoki**
Proyecto 1968-1969

**Theatre, Seinäjoki**
Project 1968-1969

El teatro, que sirve también para congresos y reuniones, está destinado a la ciudad y a la región vecina. Es un edificio de uso diverso, dispuesto como los de Wolfsburg y Essen, pero de forma más sencilla. El escenario puede modificarse sin grandes dificultades y puede ser utilizado por aficionados.

The theatre, which will also be used for conferences and meetings, has to serve the city and the neighbouring area. The building will have a variety of uses, laid out like those in Wolfsburg and Essen but simpler in form. The stage can be modified without much difficulty, and can also be used by amateurs.

1 Planta del patio de butacas. La sala puede subdividirse por medio de un tabique móvil
2 Planta baja
3 Sección
4 Maqueta de prueba

1 Main floor of the auditorium. The hall can be subdivided by means of a movable partition
2 Ground floor
3 Section
4 Rough model

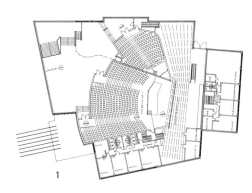

1

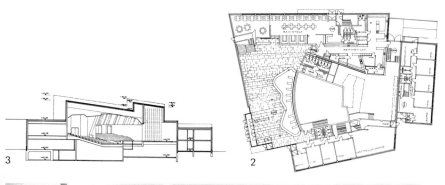

3

2

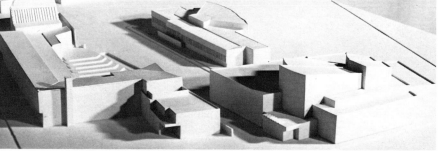

3- KARL FLEIG

**Teatro y edificio de la radio «Lappia», Rovaniemi**
Proyecto 1969-1970. Ejecución: 1.ª etapa 1970-1972; 2.ª etapa 1972-1975

**"Lappia" radio building and theatre, Rovaniemi**
Project 1969-1970. Construction: 1st phase 1970-1972; 2nd phase 1972-1975

El teatro de Rovaniemi, aunque construido posteriormente, corresponde al nuevo centro urbano proyectado en 1963.
En la primera etapa se construyeron el edificio de la radio y la escuela de música. En la segunda etapa se integró al complejo el teatro de usos múltiples, dispuesto de tal modo que puede ser utilizado en congresos junto con la escuela de música.

Although not built until later, the theatre in Rovaniemi belongs with the new town centre designed in 1963.
The radio building and school of music were built in the first phase. In the second phase the multi-purpose theatre was integrated into the complex, laid out in such a way that it can be used for lectures and conferences in conjunction with the school of music.

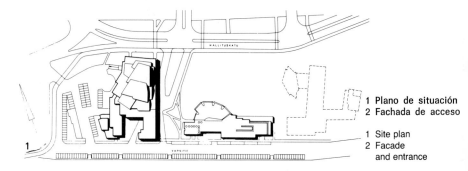

1 Plano de situación
2 Fachada de acceso

1 Site plan
2 Facade and entrance

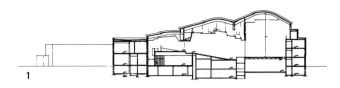

1 Sección a través del
  teatro
2 Planta a nivel de la
  entrada
3 Planta a nivel del teatro

1 Section through the
  theatre
2 Ground floor with
  entrance
3 Floor level with theatre

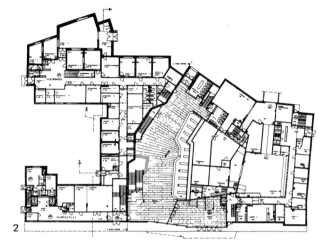

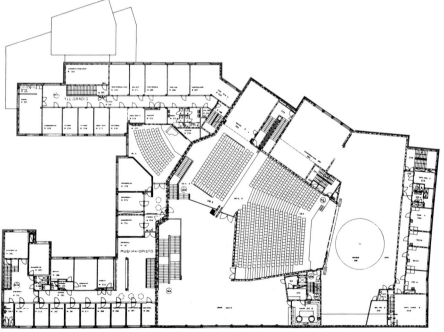

1 La escalera de acceso al foyer
2 Vista exterior de la estación de radio
3 La sala de teatro
4 Fachada de acceso al teatro

1 Access stairway to the foyer
2 Exterior view of the radio station
3 Auditorium of the theatre
4 Facade with access to the theatre

# Exposiciones y museos

# Exposition buildings and museums

**Exposición del 7.° centenario de Turku, 1929**

La exposición se situó en un parque próximo al centro de la ciudad, y algunos sectores se prolongaron hacia la periferia. Además se dispusieron varios pórticos como entradas a los pabellones en algunos lugares esenciales de la ciudad. De este modo la exposición parecía extenderse sobre un vasto territorio. Paralelamente al 7.° centenario de la ciudad de Turku, hubo importantes manifestaciones musicales en un estrado levantado al aire libre para coros y orquestas. Se aumentó el efecto acústico mediante una pared curva situada al fondo del escenario mientras el podio cumplía el papel de caja de resonancia.

**Exhibition marking the 700th anniversary of Turku, 1929**

The exhibition was mounted in a park close to the centre of the city, with some sections extending as far as the boundary. In addition, a number of porticoes were laid out as entrances to the pavilions in certain key sites in the city. In this way the exhibition gave the impression of spreading out over an enormous area. In step with the 700th anniversary of the city there were important choral and orchestral performances on an open-air stage. The acoustics were augmented by means of a curved wall at the back of the stage while the podium acted as a sounding board.

1 Podio para manifestaciones musicales, construcción en madera
2 Vista general

1 Podium for musical performances, of wooden construction
2 General view

1

2

**Pabellón finlandés, París 1937**
Concurso 1935. 1.<sup>er</sup> premio. Construcción
1936-1937

**Finnish pavilion, Paris, 1937**
Competition 1935. 1st prize. Construction 1936-1937

La exposición tenía lugar en el interior y también al aire libre, de manera que los visitantes apenas percibían el paso del exterior a los espacios cubiertos.
La composición estaba acentuada con una serie de pilares; de este modo la madera finlandesa intervenía como elemento de construcción y, al mismo tiempo, como revestimiento de paredes.

The exposition was both indoor and open-air, in such a way that visitors scarcely noticed the passage from the exterior to the roofed spaces. The composition was emphasized by a series of pillars; in this way the Finnish wood featured as an element in the construction and also as cladding for the walls.

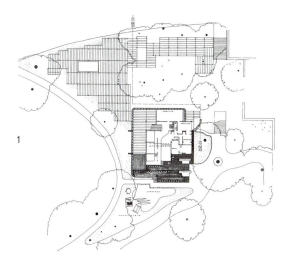

1

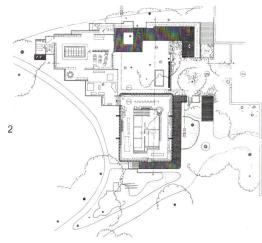

2

1 Planta de despachos
2 Plano del nivel superior

1 Ground floor with offices
2 Plan of the upper level

4

| | |
|---|---|
| 1 Ensamblajes de madera | 1 Wood assemblages |
| 2 Pilares y travesaños | 2 Pillars and crossbeams |
| 3 Pilares de arriostramiento diagonales | 3 Pillars with diagonal strutting |
| 4 Revestimiento del edificio principal | 4 Cladding of the main building |
| 5 Patio interior con exposición de libros | 5 Internal courtyard with exhibition of books |

5

**Pabellón finlandés en la Exposición Universal de Nueva York, 1939**
Concurso 1937

**Finnish pavilion for the Universal Exposition in New York, 1939**
Competition 1937

El pabellón se compone de cuatro plantas para un total de 16 m de altura. La zona superior de la exposición muestra el país. La siguiente, la población. La tercera, más abajo, el trabajo. La zona inferior resume estas tres condiciones y presenta los productos.

Gracias a una disposición arquitectónica muy libre y a los paneles inclinados, la vista podía abarcar imágenes y objetos alejados con la misma facilidad que los cimacios de los planos inclinados.

Así se cumplía una relación vertical y horizontal entre la información gráfica y los objetos mismos.

«Una exposición debe ser lo que ha sido desde su origen: un bazar donde se expongan indiferentemente todo tipo de objetos heteróclitos tanto si se trata de peces como de telas o quesos. Por ello he buscado la mayor concentración posible, un lugar repleto de mercancías yuxtapuestas, superpuestas, productos industriales y vituallas alejados tan sólo unos de otros por algunos centímetros. No era una tarea fácil reunir estos elementos y formar un conjunto armonioso.»

The pavilion is composed of four floors with a total height of 16 m. The upper area of the exposition presents the country. The floor below, the people. The third, beneath this, industry. The lowest level brings all of these together and shows the country's produce.

Thanks to the freedom of the architectural layout and the inclined panels the eye is able to take in distant images and objects as easily as it can the cymas of the inclined planes.

In this way a vertical and horizontal relation between the graphic information and the objects themselves is achieved.

"An exposition ought to be what it has been since its origin: a bazaar where all kinds of heterogeneous objects are displayed indiscriminately whether they be fish or fabrics or cheeses. For this reason I've looked for the greatest possible concentration, a place stuffed with juxtaposed, superimposed merchandise, industrial products and groceries separated only by a few centimetres from each other. It was no easy task to bring together these elements and create a harmonious whole."

1 Plano de la entrada
2 Vista desde la entrada hacia la pared alabeada
3 Plano con el restaurante sobre la galería

1 Plan of the entrance
2 View from the entrance towards the undulating wall
3 Plan showing the restaurant and the gallery

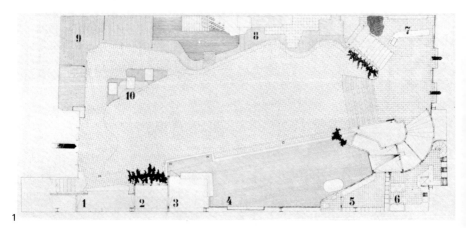

1

2

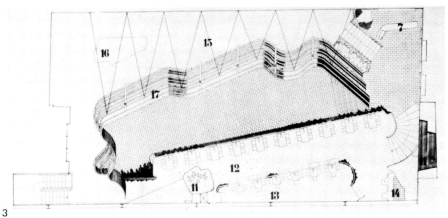

3

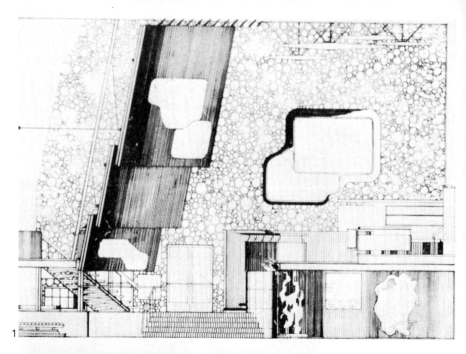

1

2

1 Sección
2 Vista de la salida
  hacia la información,
  galería del restaurante
  y cabina del operador
3 Vista de la salida en
  la pared alabeada

1 Section
2 View from the way out
  towards the information
  desk, the gallery of the
  restaurant and the control
  room
3 View of the way out in the
  undulating wall

3

1-2 Detalle bajo la pared alabeada

1-2 Details of the base of the undulating wall

78

**Museo de Bellas Artes, Reval (Estonia)**
Concurso 1934

**Museum of Fine Art, Reval (Estonia)**
Competition 1934

La particular disposición del museo permite al visitante la elección del sector que desee ver. El vestíbulo está ordenado de manera que, desde la entrada, pueda percibir los accesos de las diversas salas. Estas están comunicadas entre sí. Los diversos sectores del museo están unidos por una especie de circuito independiente.

The special layout of the museum gives the visitor the freedom to choose which section to visit. The vestibule is arranged in such a way that the accesses to the various galleries can be seen from the entrance. The galleries communicate with each other. The various sections of the museum are linked by an independent itinerary.

1 Maqueta
2 Vista del vestíbulo. Se observan los diversos accesos a las colecciones del museo

1 Model
2 View of the vestibule. The various accesses to the different collections can be seen

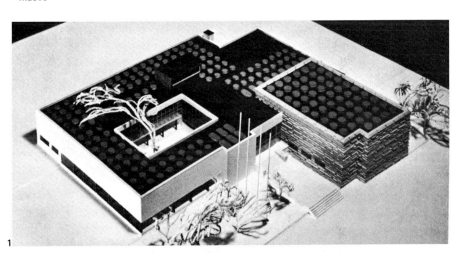

1

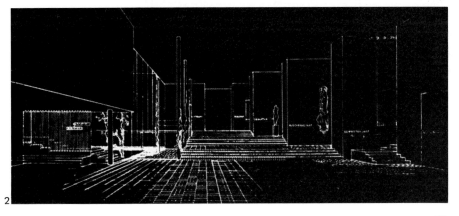

2

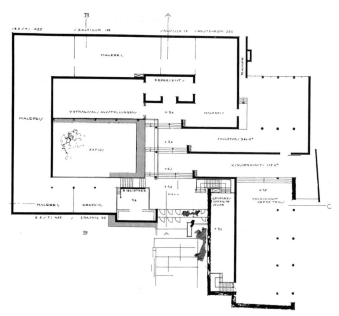

**Plano general**
General Plan

**Planta de entrada**
Entrance level

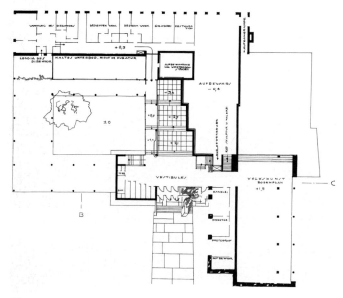

**Museo, Aalborg (Dinamarca)**
Concurso 1958. Construcción 1969-1973

**Museum, Aalborg (Denmark)**
Competition 1958. Construction 1969-1973

En un museo de bellas artes la iluminación es tan importante como la acústica en una sala de conciertos. La orientación es pues una cuestión capital. Durante el día, la luz del noreste ilumina las salas desde lo alto con un resplandor difuso. Los rayos solares del sur y del oeste se utilizan por reflexión en el techo y en los tabiques. La iluminación de la gran sala de exposiciones está condicionada por la posición del edificio y por los alrededores: las colinas tapizadas de hayas forman un elevado muro natural, cuyos reflejos cambiantes según la estación del año dan una nota viva y variada. Como la sala está perfectamente iluminada por todas partes, excepto por el sur, los cimacios son todos utilizables para las exposiciones.

The light in a museum of Fine Art is as important as the acoustics in a concert hall. Orientation is therefore a question of crucial importance. In daytime the light from the north-east illuminates the galleries from above with a diffuse light. Sunlight from the south and west is used by reflection from the roof and partition walls. The illumination of the large exhibition gallery is determined by the position of the building and by its surroundings; the beech-covered hills are a high natural wall whose reflections, changing with the season, provide a living, varied quality. As the gallery is perfectly illuminated from all sides except the south the wall-space can all be used for exhibits.

Vista de conjunto

View of the complex

1 Croquis
2 Vista parcial; a la derecha, el teatro de verano
3 Vista de la fachada
4 Vista interior de una sala
5 Sala de las «Tres mujeres» de Lynn Chadvick

1 Sketch design
2 Partial view; to the right, the summer theatre
3 View of the facade
4 Interior view of one of the galleries
5 Gallery with "Three Women" by Lynn Chadwick

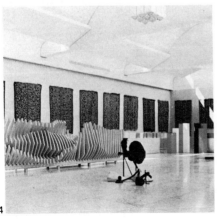

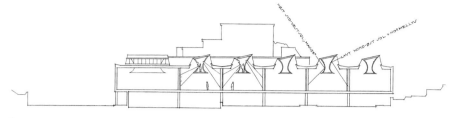

1

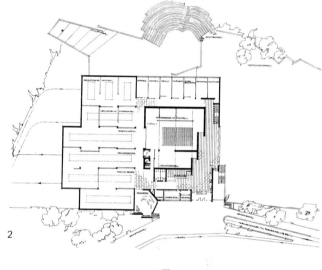

2

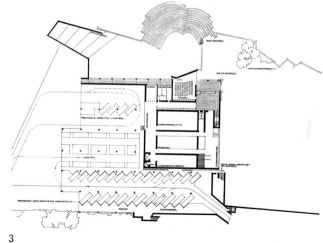

1 Sección de la sala
  de exposición
2 Planta general
3 Planta inferior

1 Section of
  the exhibition
  gallery
2 Main floor
3 Lower floor

3

**Museo de Finlandia central, Jyväskylä**
Proyecto 1959. Construcción 1960-1962

**Museum of central Finland, Jyväskylä**
Project 1959. Construction 1960-1962

Este museo de Finlandia central es un pequeño instituto construido con escasos recursos destinado a exposiciones itinerantes. Contiene asimismo una colección folklórica de la región. Está situado en el flanco de una colina cuyos árboles han sido cuidadosamente conservados. Los muros son rugosos tanto en el interior como en el exterior y están pintados' de blanco, así como todos los elementos de hormigón visto y la carpintería.

This museum in central Finland is a small building, constructed using limited resources, intended to accomodate visiting exhibitions. At the same time it houses a collection dedicated to the region's folk history. It is sited on the flank of a hill whose trees have been carefully conserved. The walls are rough inside and outside, and painted white, as are all the concrete elements exposed to view and the woodwork.

1 Planta principal
2 Sótano
3 Vista exterior

1 Main floor
2 Basement
3 Exterior view

1

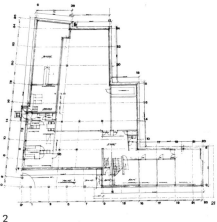

2

1 Vista exterior
2 Parte baja de la sala de exposición
3 Vista de la gran sala de exposición

1 Exterior view
2 Lower part of the main gallery
3 View of the main gallery

**Museo de Bellas Artes, Chiraz (Irán)**
Proyecto 1970

**Museum of Fine Art, Chiraz (Iran)**
Project 1970

El museo se situará en una colina cercana a la ciudad, no lejos de la nueva ciudad universitaria. La propia colina se irrigará mediante un sistema de canalizaciones, lo cual permitirá el equipamiento de un parque que ofrezca todas las ventajas para el reposo y el trabajo intelectual. El plano del museo prevé una enorme sala, la cual podrá subdividirse según el tipo de actividad a que

The museum is located on a hill close to the city, not far from the new university district. The hill itself is irrigated by means of a system of canals, which makes the creation of a park possible, with all the advantages this would have in promoting tranquility and intellectual labour. The plan of the museum proposes an enormous gallery, which could be subdivided according to the type of use required. From the entrance the entire series of exhibition

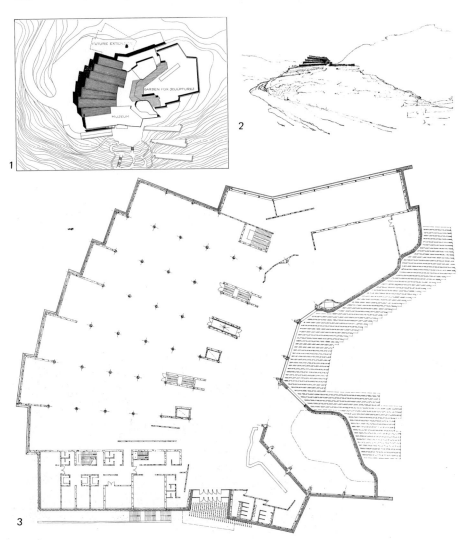

1

2

3

se destine. Desde la entrada se podrá observar el conjunto de los sectores de las exposiciones. La sala podrá ser utilizada para cualquier tipo de exposición, sin que el sentido de la marcha de la visita a la exposición esté impuesto por algún elemento.

spaces can be seen. The gallery could be used for any type of exhibition without the direction of the visitor's itinerary being dictated by any element of the construction.

1 Plano de situación
2 Primer croquis de situación
3 Planta baja con la gran sala subdivisible, administración y sala de conferencias
4 Sección de la sala. El techo es de vidrio. Los rayos del sol son tamizados por medio de lamas y superficies reflectantes. La luz artificial está colocada por analogía a la de incidencia solar
5 Vista desde el jardín de esculturas
6 Vista de la entrada principal
7 Maqueta

1 Site plan
2 First sketch of the site
3 Ground floor with the large subdivisible gallery, administrative offices and lecture theatre
4 Section of the gallery. The roof is of glass. The sun's rays are filtered by lamellas and reflective surfaces. The positioning of the artificial lights is by analogy with the position of the sun
5 View from the sculpture garden
6 View of the main entrance
7 Model

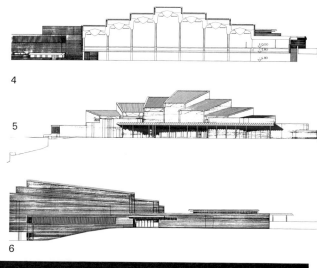

4

5

6

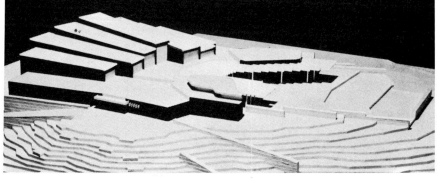

## Museo de Bellas Artes, Bagdad (Irak)
Proyecto 1958

## Museum of Fine Art, Baghdad (Iraq)
Project 1958

En este museo se han desarrollado las ideas básicas del Museo de Bellas Artes de Reval, proyectado en 1934.
«La particular disposición del museo permite al visitante la elección de su recorrido. Desde el hall de entrada se abarcan todos los accesos a las distintas secciones del museo. También existe la posibilidad de realizar un recorrido continuo.» En la cubierta está el jardín de esculturas con cafetería y anfiteatro.

The basic ideas of the Museum of Fine Art in Reval, designed in 1934, have been developed in this museum.
"The special layout of the museum allows the visitor to choose the itinerary. The accesses to all the different sections of the museum open onto the entrance hall. It is also possible to follow a continuous itinerary." The sculpture garden, with cafeteria and amphitheatre, is situated on the roof.

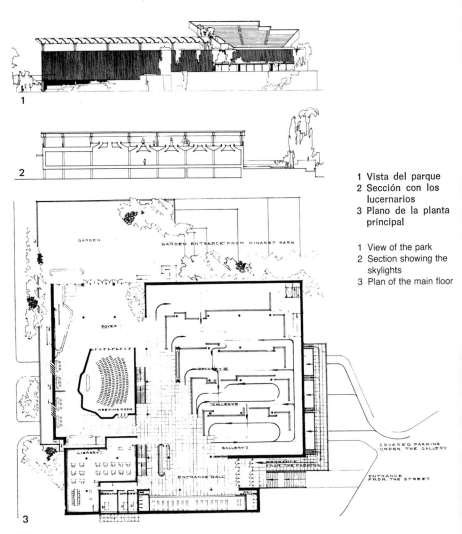

1

2

1 Vista del parque
2 Sección con los lucernarios
3 Plano de la planta principal

1 View of the park
2 Section showing the skylights
3 Plan of the main floor

3

**Museo Alvar Aalto, Jyväskylä**
Proyecto 1971. Ejecución 1971-1973

El edificio está cerca de la universidad pedagógica y próximo al Museo de Finlandia central.
La planta poligonal de la gran sala permite la realización simultánea de diferentes exposiciones sin interferencias entre sí. Sólo hay dos paredes interiores fijas, lo que permite subdividir libremente el espacio. En la planta inferior se hallan la entrada principal, una sala de conferencias y una cafetería.

**Alvar Aalto Museum, Jyväskylä**
Project 1971. Construction 1971-1973

The building is near the College of Education and next to the Museum of central Finland.
The polygonal plan of the large gallery makes it possible to run different exhibitions simultaneously without their interfering with each other. There are only two fixed internal walls, which facilitates the free subdivision of the space. A lower floor houses the main entrance, a lecture theatre and a cafeteria.

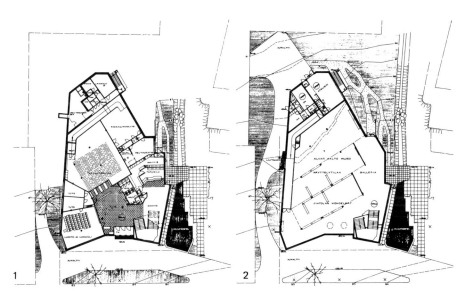

1 Plano a nivel de la entrada con la sala de conferencias, administración y la cafetería que da al jardín
2 Plano a nivel de la sala de exposiciones, con la vivienda del portero y el estudio. La sala puede subdividirse
3 Sección transversal

1 Plan of the entrance level with the lecture theatre, administration offices and the cafeteria which gives onto the garden
2 Plan of the gallery level, with the caretaker's quarters and the studio. The gallery can be subdivided
3 Transverse section

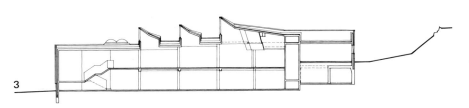

1-2 Detalles de la sala de exposiciones
3 Vista desde el exterior

1-2 Details of the gallery
3 View from the exterior

# Sanatorio

# Sanatorium

**Sanatorio antituberculoso, Paimio**
Concurso 1928. Construcción 1929-1933

La idea primitiva consistía en la perfecta unión de las zonas de trabajo y las de reposo. La célula módulo del plan es la habitación de los enfermos. A pesar de que la habitación de tres camas proporciona mayor distracción a los enfermos, por razones de tranquilidad, se prefirió la habitación con dos camas. Estar acostado, a la larga deprime a los enfermos. Por otra parte, las habitaciones normales no están concebidas para esta posición. El contraste de colores y volúmenes resultante de la diferencia de valores entre los tabiques y los techos, entre la luz del

**Anti-tuberculosis sanatorium, Paimio**
Competition 1928. Construction 1929-1933

The original idea consisted of a perfect union of work and rest areas. The cellular module of the plan is the patient's room. Although a three-bedded room offers the patients more distractions, reasons of tranquility decided on two-bedded rooms. In the long run, staying in bed depresses patients. In addition, the ordinary rooms are not designed for lying in bed. The contrasts of colour and volume resulting from the differences in values between the partitions and the ceilings, between the daylight and the electric light, etc., almost always has an unfavourable effect on patients who are lying down and who are especially sensitive as a result of their illness.

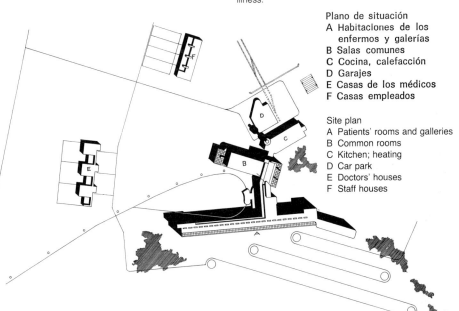

Plano de situación
A Habitaciones de los enfermos y galerías
B Salas comunes
C Cocina, calefacción
D Garajes
E Casas de los médicos
F Casas empleados

Site plan
A Patients' rooms and galleries
B Common rooms
C Kitchen; heating
D Car park
E Doctors' houses
F Staff houses

día y la luz eléctrica, etc., casi siempre actúan desfavorablemente sobre los pacientes acostados y que están particularmente sensibilizados a causa de su enfermedad. Las habitaciones y apartamentos de los enfermos constituyen un intento de sustraer la influencia de la atmósfera que reina en un establecimiento semejante.
Los empleados superiores, sobre todo los médicos, y todo el personal, viven en hileras de casas fuera del sanatorio, lejos de la mirada de los enfermos.

1 Planta tipo de habitaciones de enfermos
2 Plano de la planta baja
3 Sección del ala de los enfermos

The patients' rooms and suites are an attempt to counteract the influence of the atmosphere which prevails in establishments of this kind. The senior staff, above all the doctors, live in rows of houses outwith the sanatorium, out of view of the patients.

1 Plan of the type of patients' rooms
2 Plan of the ground floor
3 Section of the patients' wing

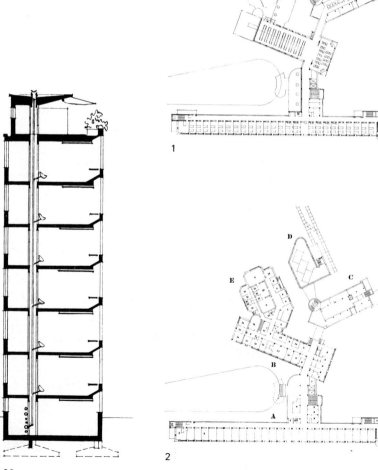

1

2

3

1 Escalera principal
2 Galería

1 Main
  staircase
2 Verandah

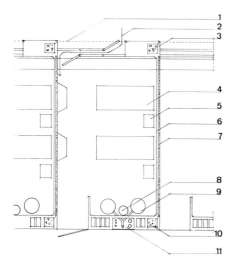

1 Celosías
2 Aire fresco
3 Construcción portante
4 Cama
5 Mesilla de noche
6 Superficie blanda del tabique
7 Superficie dura del tabique
8 Lavabo
9 Construcción portante
10 Unidad de instalación

1 Lattice windows
2 Fresh air
3 Load-bearing pillar
4 Bed
5 Night table
6 Soft skin of partition
7 Hard skin of partition
8 Washstand
9 Load-bearing pillar
10 Service installations

## Habitación de enfermos

Patient's room

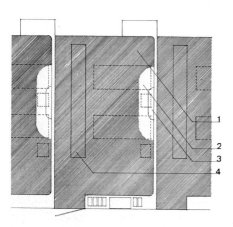

1 Color oscuro del techo
2 Zona clara, reflejo del techo
3 Lámpara
4 Panel en el techo con radiador

1 Dark colour of the ceiling
2 Lighter area reflected onto the
  ceiling
3 Lamp
4 Ceiling panel with radiator

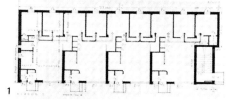

1 Planta de una serie de casas de
empleados
2 Planta de una casa de empleado
3 Casas de empleados

1 Ground floor of a series of staff houses
2 Ground floor of a staff house
3 Staff houses

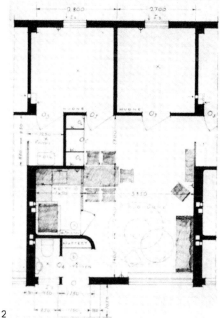

2

3

# Equipamentos pedagógicos

# Educational buildings

**Universidad pedagógica, Jyväskylä**
Concurso 1950. Construcción 1953-1956

Los edificios están agrupados en U alrededor de una explanada. Hay institutos de pedagogía, biblioteca, escuela piloto, instalaciones deportivas con piscina cubierta, dormitorios, clubs de profesores y sala de asociaciones de estudiantes.
Para marcar su importancia, la entrada principal de la universidad se sitúa en el eje de la gran avenida. Cada edificio posee dos accesos: uno desde los aparcamientos y las calles, otro desde la explanada reservada a los peatones.

Plano de situación; a la derecha, abajo, edificio principal con entrada lado calle; a la izquierda, dormitorio y refectorio; a la izquierda, arriba, gimnasio y piscina; a la derecha, arriba, biblioteca y aulas.

**Teacher training college, Jyväskylä**
Competition 1950. Construction 1953-1956

The buildings are grouped in a U-formation around an esplanade. There are pedagogical institutions, a library, a practice school, sports facilities and an indoor swimming pool, dormitories, staff clubs and a students' association hall.
To indicate its significance the main entrance to the college is situated on the axis of the main avenue. Each building has two entrances: one from the car park and the street, the other from the esplanade, which is exclusively pedestrian.

Site plan; to the right, at the bottom, the main building with entrance from the street; to the left, dormitory and refectory; to the left, above, gymnasium and swimming pool; to the right, above, library and classrooms.

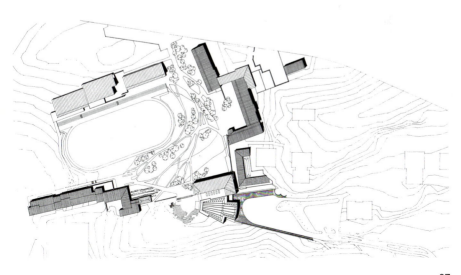

4- KARL FLEIG

1 Caja de la escalera
2 Vestíbulo y sala de
reunión

1 Staircase
2 Vestibule and foyer

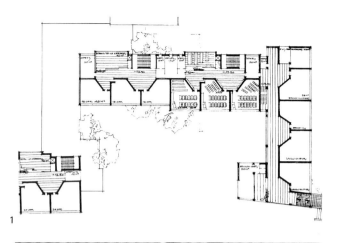

1

1 Planta de las aulas
2 Vista de la columnata
   hacia el centro deportivo
3 A la izquierda, comedor
   de los profesores; a la
   derecha, el de los
   estudiantes

1 Floor with classrooms
2 View of the colonnade
   looking towards the
   sports centre
3 To the left, the staff
   dining room; to the right,
   student refectory

2

3

**Edificio principal de la Escuela politécnica, Otaniemi**
Proyecto 1955. Construcción 1961-1964

**Main building of the Polytechnic, Otaniemi**
Project 1955. Construction 1961-1964

En uno de los lados del edificio existe un espacio reservado a la circulación de vehículos; al otro lado, la zona de peatones desciende en terrazas hacia el parque uniendo los alojamientos con el edificio principal.
El edificio está ocupado en gran parte por auditorios dispuestos en anfiteatros. La forma del techo obedece a hemiciclos. Detrás de los auditorios están situadas las zonas donde se reúnen los estudiantes; en el lado opuesto se encuentra la administración.
Las aulas se ordenan alrededor de pequeños patios interiores. En este sector existen pequeños auditorios secundarios y los laboratorios. Se distinguen cuatro grupos principales: la administración, la parte general, la sección geográfica y geodésica y la escuela de arquitectura.
Estos grupos están concebidos de manera que cada uno de ellos pueda ser ampliado sin afectar al conjunto.

On one of the building's sides there is an area set aside for vehicular traffic; on the other side the pedestrian precinct drops down from terrace to terrace to the park wich joins the student residences to the main building.
The building is largely taken up by auditoria in the form of amphitheatres. The roof corresponds to this semicircular theatre form. The areas for students to gather in are situated behind the auditoria; the administration offices are on the opposite side.
The classrooms are arranged around little internal courtyards. In the same area are the small secondary autitoria and the laboratories. Four main groupings can be distinguished: the administration, the general academic departments, the section for geography and geodesy and the school of architecture.
These groupings have been planned so that they can all be expanded without affecting the complex as a whole.

Plano de situación

Site plan

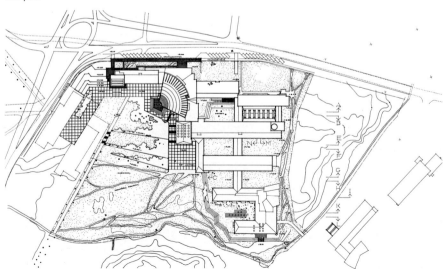

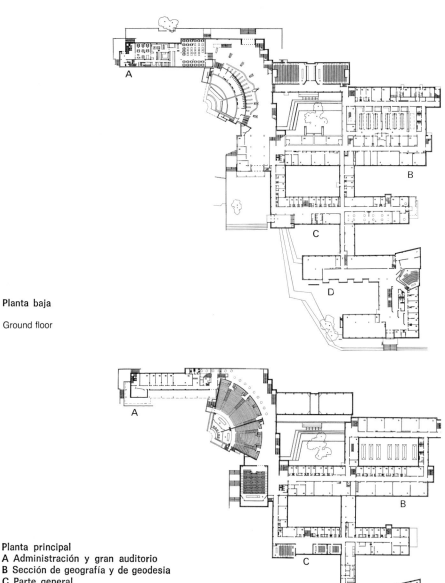

Planta baja

Ground floor

Planta principal
A Administración y gran auditorio
B Sección de geografía y de geodesia
C Parte general
D Escuela de arquitectura

First floor
A Administration and large auditorium
B Geography and geodesy department
C General departments
D School of architecture

101

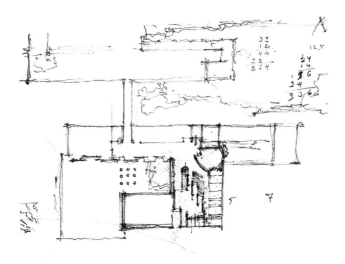

**Croquis de la entrada de la Escuela de arquitectura**

Sketch design of the entrance to the School of architecture

**Gran auditorio**

Large auditorium

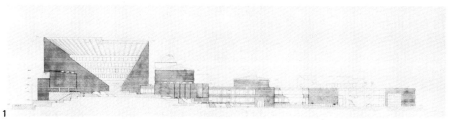

1

1 Fachada. A la izquierda, el gran
auditorio; en el centro, la Facultad
de geodesia; a la derecha, la
Escuela de arquitectura
2 Sección del gran auditorio
3 Vista interior del gran auditorio.
La sala está iluminada por una luz
indirecta que no deslumbra

1 Facade. To the left, the large
auditorium; in the centre, the
Department of geodesy; to the right,
the School of architecture
2 Section of the large auditorium
3 Interior view of the large auditorium.
The hall is illuminated indirectly to cut
out glare

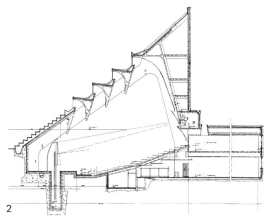

2

3

1 Parte trasera del gran
   auditorio
2 Gran auditorio
3 Hall del gran auditorio
4 Auditorio con
   iluminación cenital.
   La ventilación se halla
   en el falso techo

1 Rear of the large
   auditorium
2 Large auditorium
3 Foyer of the large
   auditorium
4 Auditorium with overhead
   lighting. The ventilation is
   housed in the false ceiling

2

**Torre de agua de la Escuela politécnica, Otaniemi**
Proyecto 1968. Ejecución 1969-1971

**Water tower of the Polytechnic, Otaniemi**
Project 1968. Construction 1969-1971

Fue construida para la Escuela politécnica. El espacio libre creado por los pilares aloja las instalaciones técnicas y diversos laboratorios hidráulicos en los que se imparte la enseñanza universitaria. La cubierta se ha previsto como una plataforma experimental.

The tower was built for the Polytechnic. The space created by the pillars houses the technical installations and a variety of hydraulics laboratories used for teaching purposes. The roof has been conceived as a platform for conducting experiments.

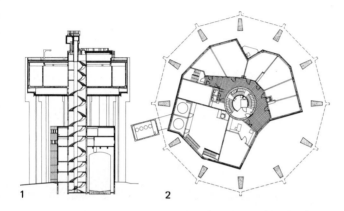

1

2

1 Sección
2 Planta con los laboratorios
3 Vista: el revestimiento consiste en elementos prefabricados de hormigón

1 Section
2 Plan of the floor with the laboratories
3 View: the cladding is of pre-cast concrete elements

3

**Casa de la Asociación de Estudiantes Västmanland-Dala, Upsala (Suecia)**
Proyecto 1961. Construcción 1963-1965

**Headquaters for the Västmanland-Dala students's association, Upsala (Sweden)**
Project 1961. Construction 1963-1965

La elección del terreno y la posición de la casa obedecieron a dos condicionante previos. El terreno es un jardín de carácter romántico que rodeaba la antigua mansión llamada de los montañeses y que antes había servido como lugar de reunión de la asociación. La parte más antigua, construida con la ayuda de donaciones, fue conservada, mientras que la casa de los dueños tuvo que ser demolida por razones diversas, técnicas y de otro tipo.

The selection of the site and the position of the building were in obedience to two prior conditions. The site is a romantic garden which surrounded the odl mansion known as the highlanders' which had previously been used for the association's meetings. The oldest part, built with the help of donations, was conserved; the proprietors' house had to be demolished for various reasons, some of them technical.

1 Croquis en perspectiva
2 Fachada desde la calle

1 Perspective sketch
2 Facade from the street

1

2

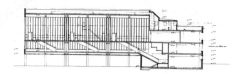

**Sección longitudinal**
Longitudinal section

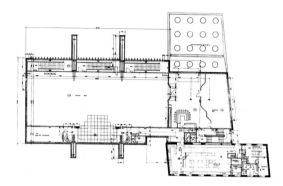

**Plano de la sala**
Plan of the hall

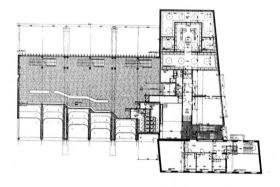

**Planta del hall**
Plan of the foyer

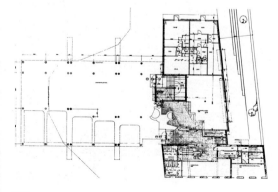

**Peristilo con entradas**
Peristyle with entrances

1-2 Vistas exteriores
  3 Fachada desde la calle con los volúmenes
    salientes donde se alojan los tabiques
    móviles

1-2 Exterior views
  3 Facade from the street showing the projecting
    volumes which are used to store the partitions

2

3

1 Gran sala
2 Hall
3 Detalle del tabique de la gran sala

1 Large hall
2 Foyer
3 Detail of the partition of the large hall

**M.I.T. Dormitorio Senior, Cambridge (Mass., U.S.A.)**
Proyecto y construcción 1947-1948

El terreno de la Escuela técnica de Massachusetts está en una avenida de la región del Charles River.
El edificio es alabeado para que la vista sobre la calle no sea demasiado directa.
De este modo, ninguna de las piezas del edificio da directamente sobre la avenida y el tráfico. Se sabe, por ejemplo, que cuando se mira oblicuamente por la ventana de un tren, en lugar de hacerlo perpendicularmente, la imagen es mucho menos agitada.
La disposición de la escalera es peculiar. Un cuerpo del edificio permite controlar el conjunto a partir de un punto central.

1 Plano de realización
2 Vista del refectorio de estudiantes
3 Detalle de la fachada con la escalera

**M.I.T. Senior Dormitory, Cambridge (Mass., U.S.A.)**
Project and construction 1947-1948

The Massachusetts Institute of Technology is situated on an avenue near the Charles River.
The builing twists so that the view onto the street is less direct than it would otherwise have been. As a result, none of the rooms gives directly onto the avenue and the traffic. For example, we know that looking obliquely rather than perpendicularly through the window of a moving train gives a considerably reduced effect of movement.
The arrangement of the staircase is distinctive.
It is possible to inspect the whole building starting from one central point.

1 Construction plan
2 View of the student refectory
3 Detail of the facade with the staircase

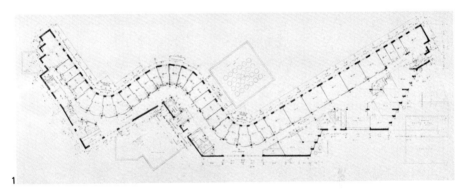

1

2

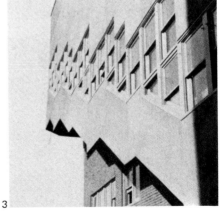

3

**Ciudad universitaria, Otaniemi**
Proyecto 1962. Construcción 1964-1966

**University city, Otaniemi**
Project 1962. Construction 1964-1966

Se proyectó un albergue para estudiantes formando parte de la ciudad universitaria. Además de los estudiantes, en él podían alojarse otras personas como en un hotel normal.
La entrada de la planta baja con la recepción y un café se hallan en un patio cubierto.
Cada grupo posee una pequeña cocina y un salón a los que se accede por escaleras individuales sin molestar a los grupos vecinos.

A residence for students was planned as part of the university city. In addition to the students it was to be able to accomodate members of the public, like an ordinary hotel.
The entrance to the ground floor with the reception and a cafe is by way of a roofed courtyard.
Each group of rooms has a small kitchen and lounge of its own, reached by a separate staircase so as not to disturb people in the groups of rooms to either side.

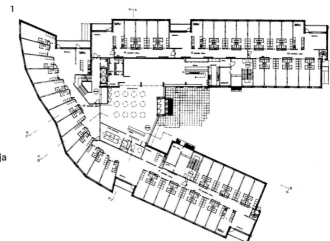

1

1 Plano de la planta baja
2 Plano de situación
3 Fachada de un ala

1 Plan of the
  ground floor
2 Site plan
3 Facade of one wing

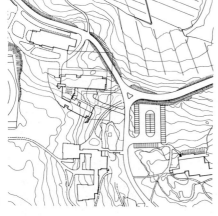

2

3

**Instituto de Educación internacional, Nueva York (U.S.A.)**

Proyecto 1963. Construcción 1964-1965

El Instituto de Educación internacional es una institución pedagógica que trabaja con la ONU. La fundación Kaufmann y el comité del Instituto habían puesto como condición que todas las instalaciones interiores fueran realizadas en Finlandia y que el gran vestíbulo y los demás locales formasen una composición artística coherente. Por otra parte, a fin de acentuar el carácter solemne del Instituto, se propuso que las paredes y los elementos fijos fueran tratados como esculturas.

1 Sección con escultura de madera
2 Plano
3 Vista parcial de la gran aula

**Institute of International Education, New York (U.S.A.)**

Project 1963. Construction 1964-1965

The Institute of International Education is a pedagogical institution wich works with the United Nations. The Kaufmann foundation and the Institute's committee had imposed the condition that all the interior installations were to be constructed in Finland and that the large vestibule and the other areas should form an aesthetically coherent composition. In addition, in order to emphasize the seriousness of the Institute's character, it was suggested that the walls and other fixed elements be treated as sculptures.

1 Section with sculpture in wood
2 Plan
3 Partial view of the large lecture room

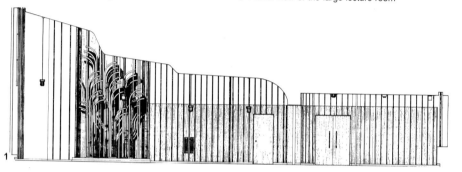

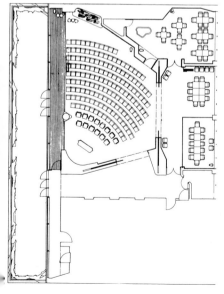

1 Detalle de escultura en
  madera
2 Sala central

1 Detail of the sculpture
  in wood
2 Central hall

# Bibliotecas

# Libraries

**Biblioteca, Viipuri (Viborg, U.R.S.S.)**
Concurso 1927. 1.er premio.
Construcción 1930-1935

El edificio fue destruido por la guerra
ruso-finlandesa y se halla en ruinas.
La biblioteca poseía salas de lectura en
forma de anfiteatro, una sala de conferencias,
una biblioteca infantil, una sala de
publicaciones periódicas y los despachos.
Para contrastar con los árboles del patio, el
edificio estaba estucado en blanco, excepto
las entradas que eran de piedra natural
azulada.

**Library, Viipuri (Viborg, U.S.S.R.)**
Competition 1927. 1st. prize. Construction 1930-
1935

The building was destroyed during the Russo-
Finnish war and is now in ruins.
The library contained reading rooms in the form of
an amphitheatre, a lecture theatre, a chldren's
library, a periodicals room and offices. To form a
contrast with the trees of the courtyard, the building
was stuccoed in white, except for the entrances
which were of bluish natural stone.

1 Vista aérea; a la derecha, la catedral
2 Entrada principal; a la derecha, la sala de
conferencias

1 Aerial view; to the right, the cathedral
2 Main entrance; to the right, the lecture theatre

2

Como se puede comprender considerando los planos simultáneamente, los niveles se superponían. En el eje de la planta baja, se hallaba la entrada principal, situada bajo el depósito de libros y las salas de lectura. Media planta encima en este mismo eje, se encontraban la vigilancia y la expedición de libros.

As can be appreciated by considering the plans simultaneously, the levels were superimposed. Along the axis of the ground floor, the main entrance is situated under the book store and the reading rooms. Half a floor above, on the same axis, were the librarian and the check-out desk for books.

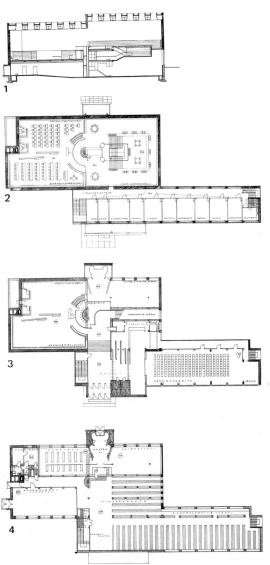

1 Sección longitudinal de la sala de lectura y de la biblioteca
2 Plano de la biblioteca principal y de la sala de lectura con el control y el mostrador de préstamos; administración
3 Planta de la sala de conferencias, sala de lectura y biblioteca infantil
4 Planta baja con el archivo y la entrada de la biblioteca infantil

1 Longitudinal section of the reading room and library
2 Plan of the main library and the reading room with the librarian's desk and the borrowing counter.
3 Plan of the lecture theatre, reading room and children's library
4 Ground floor with archive and entrance to the children's library

El sol no da directamente en la sala, pero se refleja en las superficies cónicas de los lucernarios, lo cual hace innecesario el uso de vidrios opacos. Esta luz difusa es particularmente agradable para el lector que puede ocupar cualquier lugar sin el inconveniente de la sombra o de los reflejos. La iluminación eléctrica fue concebida por analogía a la luz natural. Los lucernarios iluminaban los libros sin sombras, incluso cuando alguien estaba de pie frente a ellos.

The sunlight does not enter the reading room directly, but reflected from the conical surfaces of the skylights, which makes the use of opaque glass unnecessary. This diffuse light is particularly convenient for the reader, who can occupy any part of the room without being troubled by shadow or reflections. The electric lighting is arranged by analogy with the natural light. The skylights illuminate the books without creating shadow, even when someone stands in front of them.

1 Regulación de los lucernarios
2-3 Bocetos de 1927 que muestran la iluminación natural y artificial por medio de los lucernarios

1 Organization of the skylights
2-3 Sketches from 1927 showing the natural and artificial illumination by means of the skylights

1

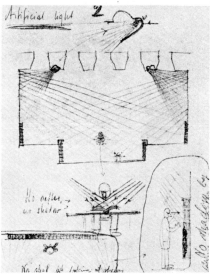

3

La sala está destinada igualmente a las veladas de discusión y a las conferencias. El techo ondulado, formado por finos listones de madera, estaba pensado para que el sonido de las palabras se repartiera lo mejor posible desde cualquier lugar donde se encontrase el orador.

The hall is intended as much for discussion groups as for lectures. The undulating ceiling, composed of thin strips of wood, was designed so that the sound of the voice would carry as well as possible no matter from where in the hall it came.

1 Sala de conferencias y de debates
2 Trazo del esquema acústico durante un debate
3 Techo ondulado de la sala de conferencias

1 Lecture and debating theatre
2 Diagram of the acoustics scheme during a debate
3 Undulating ceiling of the lecture theatre

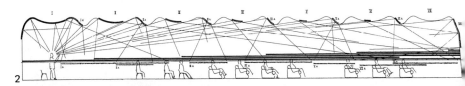

1 Biblioteca principal
2 Escaleras entre la biblioteca y la
  vigilancia; al fondo, la sala de lectura
3 Caja de la escalera de vidrio

1 Main library
2 Stairs linking the library and the
  librarian's desk; in the background,
  the reading room
3 Stairwell in glass

**Biblioteca, Seinäjoki**
Proyecto 1963. Construcción 1963-1965

La biblioteca forma parte del centro administrativo y cívico. La fachada de la biblioteca cierra el lado meridional del patio del ayuntamiento. Los despachos y una pequeña nave se encuentran en un ala rectangular. En el lado sur, se ordena en abanico el vestíbulo de la biblioteca.

**Library, Seinäjoki**
Project 1963. Construction 1963-1965

The library forms part of the administrative and civic centre. The facade of the library closes the south side of the courtyard of the town hall. The offices and a small hall are located in a rectangular wing. The vestibule opens out in a fan on the library's south side.

1 Plano general
2 Vista parcial del centro administrativo
  y cívico

1 General plan
2 Partial view of the administrative and civic centre

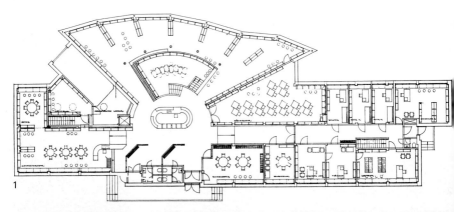

1

2

1 Sección de la gran biblioteca y del
rincón de lectura (detalle)
2 Fachada de la entrada
3 Las lamas solares de la gran sala están
dispuestas horizontalmente

1 Section of the large library and reading
corner (detail)
2 Facade with entrance
3 The horizontally arranged slats which
screen out the sunlight

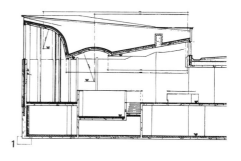

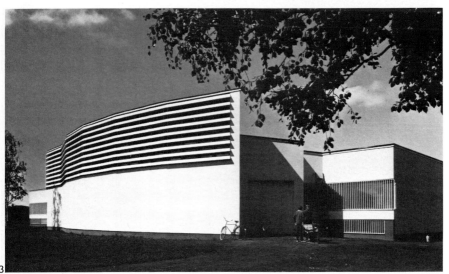

**Biblioteca, Rovaniemi**
Proyecto 1963. Construcción 1965-1968

La biblioteca de Rovaniemi constituye la
primera etapa del futuro centro cultural y
administrativo.
La gran sala, orientada hacia la tranquila
plaza principal, está iluminada por el norte.
Allí se encuentran la biblioteca infantil, la de
los mayores, el museo lapón y la sala de
lectura de los estudiantes. En la planta
principal se hallan las salas de trabajo y de
estudio, las salas de debates y de lectura, la
administración con un café, la biblioteca
turística, una guardería infantil, una sala
de conferencias y exposiciones y asimismo
el museo ornitológico. En la planta inferior
están situados la biblioteca musical y el
museo de geología.
Los locales destinados a museos, en
cualquier momento pueden ser transformados
en bibliotecas.

1 Planta
2 Fachada de la entrada con la gran
  sala en abanico

**Library, Rovaniemi**
Project 1963. Construction 1965-1968

The Rovaniemi library constitutes the first phase of
the future cultural and administrative centre.
The large hall, looking onto the peaceful main
square, is illuminated from the north. This houses
the children's and adults' libraries, the Lapp museum
and the students' reading room. Rooms for work and
study are located on the first floor along with the
debating and reading rooms, the administrative
offices, a cafe, the tourist library, a kindergarten, a
hall for lectures and exhibitions and also the
ornithological museum. On the floor below are the
music library and the geological museum.
The areas provided for use as museums can at any
time be converted into libraries.

1 Ground floor
2 Entrance facade with the large
  fan-shaped hall

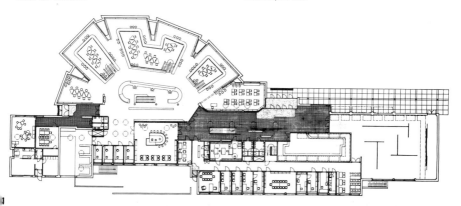

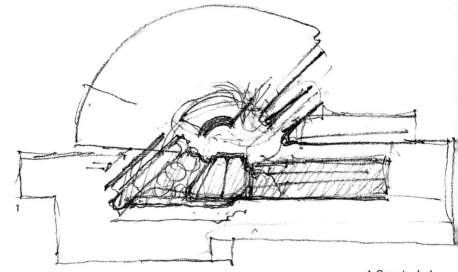

1

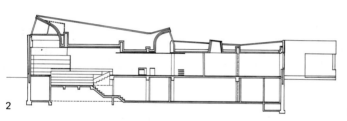

2

1 Croquis de la
    primera
    concepción del
    plan
2 Sección
    transversal
3-4 Vestíbulo

1 Sketch design
    of the first
    conception of
    the plan
2 Transverse section
3-4 Vestibule

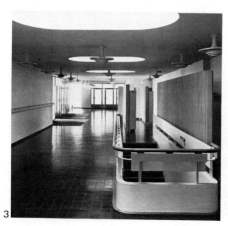

3

4

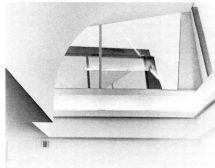

1-2 La gran biblioteca
 3 Vista del servico de préstamos de la
   gran biblioteca

1-2 The main library
 3 View of the lending section
   of the main library

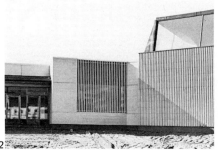

1 Acceso de la entrada
  principal
2-3 Detalles de las fachadas

1 Access to the main
  entrance
2-3 Details of the facades

**Biblioteca de la Escuela politécnica, Otaniemi**
Proyecto 1964. Construcción 1965-1969

La biblioteca está construida a lo largo de
una vieja avenida que conducía hacia el
edificio principal de una gran propiedad
agrícola y bordea el tercer lado de un gran
parque. Una de las entradas está situada en
la zona peatonal, mientras la otra se
encuentra en el lado de la calle y de los
aparcamientos. Las fachadas con grandes
superficies de vidrio y las claraboyas están
orientadas hacia el parque. La biblioteca
constituye la última etapa de un conjunto
que comprendía el gran auditorio y la
administración general de la Escuela
politécnica de Otaniemi. Es la coronación de
una institución cuyos planes se habían
empezado veintidós años antes.

**Polytechnic library, Otaniemi**
Project 1964. Construction 1965-1969

The library is built along an old avenue leading to
the main building of a large agricultural estate and
bounds the third side of a large park. One of the
entrances is from the pedestrian zone, while the
other is on the side giving onto the street and the
car park. The facades with their large areas of glass
and rooflights look towards the park. The library is
the last stage in a complex which includes the large
auditorium and the general administration of
Otaniemi polytechnic. It is the culmination of an
institution whose plans had first been drawn up
twenty-two years before.

Plano de situación

Site plan

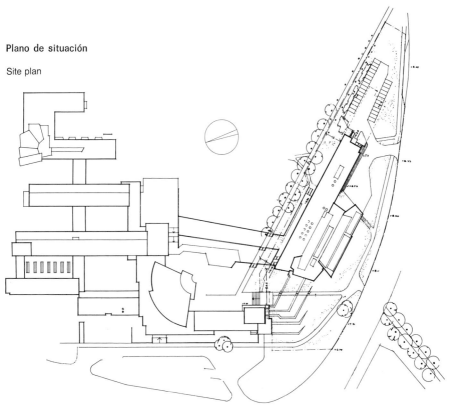

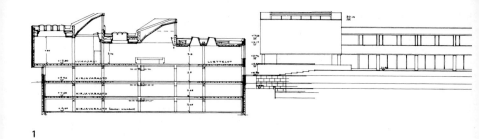

1

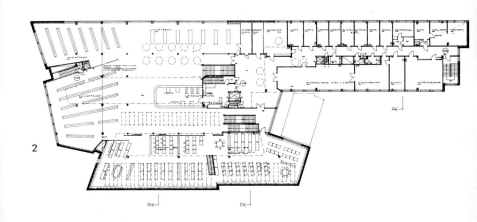

2

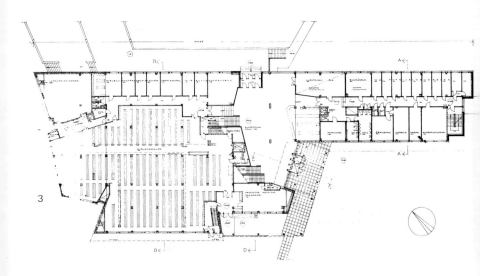

3

| | |
|---|---|
| 1 Sección transversal | 1 Transverse section |
| 2 Primer piso | 2 First floor |
| 3 Planta baja | 3 Ground floor |
| 4 Entrada | 4 Entrance |
| 5 Gran sala | 5 Large hall |
| 6 Servicio de préstamos y vista de la gran sala de lectura | 6 Lending library and view of the large reading room |

129

1 Fachada desde el parque y la avenida
2 Entrada principal

1 Facade from the park and the avenue
2 Main entrance

**Biblioteca del colegio benedictino de Mount Angel, Oregón (U.S.A.)**
Proyecto 1965-1966. Construcción 1967-1970

La biblioteca de este centro benedictino fundado el siglo pasado, se encuentra en el centro del colegio donde sólo son visibles las alas bajas de la entrada, mientras el edificio propiamente dicho se sitúa en el flanco de la colina para evitar la intromisión de una masa imponente en el conjunto.

**Library for the Benedictine College of Mount Angel, Oregon (U.S.A.)**
Project 1965-1966. Construction 1967-1970

The library of this Benedictine centre, which was founded last century, is situated in the centre of the college where only the low wings of the entrance are visible, while the building proper is set on the slope of the hill to avoid imposing itself too greatly on the complex as a whole.

1 Vista de la biblioteca construida
  sobre la lisa pendiente del terreno
2 Maqueta del conjunto

1 View of the library set on the
  smoothly sloping site
2 Model of the complex

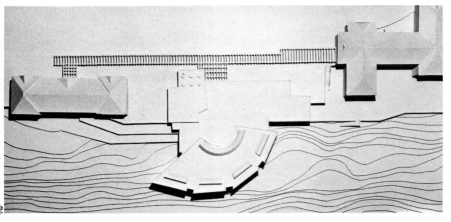

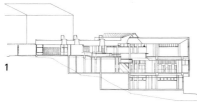

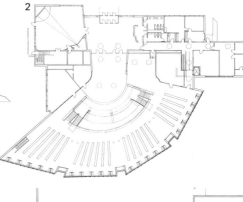

1 Sección transversal. El edificio se
sirve del declive del terreno.
Las galerías dispuestas a varios
niveles forman el centro del
establecimiento
2 Plano de la planta baja. El ala de
la entrada, de un solo piso de
altura, contiene la administración
y una sala de conferencias.
La biblioteca forma una gran sala
de lectura
3 Plano de la planta baja inferior:
la gran sala
4-5 Vista de la parte central con las
galerías provistas de pupitres
continuos

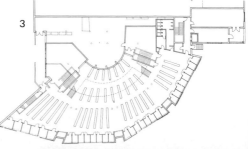

1 Transverse section. The building exploits
the incline of the terrain. The galleries
arranged on the various levels are the heart
of the establishment
2 Plan of the ground floor. The entrance wing,
only a single storey high, contains the
administration and a lecture theatre. The
library itself is a huge reading room
3 Plan of the lower ground floor: the large hall
4-5 View of the central part of the library
showing the galleries with the continuous
series of lecterns

**Biblioteca municipal, Kokkola**
Proyecto 1966

**Municipal library, Kokkola**
Project 1966

En la ciudad se creó un centro cultural compuesto por una biblioteca y un teatro de usos múltiples con áreas verdes junto al agua para el público. La biblioteca se encuentra en el nivel superior del edificio. La distribución de los libros se realiza en el centro de la misma. Las diferentes secciones están dispuestas en forma radial. Los lucernarios de distintas formas garantizan la iluminación natural de la biblioteca.

The city's cultural centre consists of a library and a multi-purpose theatre with areas of public garden by the water. The library is on the upper level of the building. The distribution of books occurs in the middle of the library, with the various sections disposed radially. Skylights in a variety of forms ensure the natural illumination of the library.

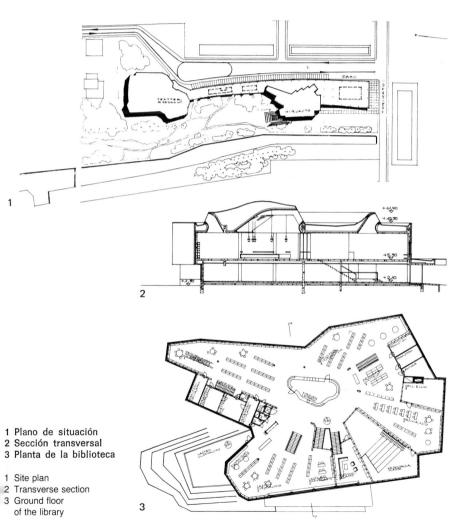

1 Plano de situación
2 Sección transversal
3 Planta de la biblioteca

1 Site plan
2 Transverse section
3 Ground floor
  of the library

# Centros deportivos

# Sports facilities

**Pabellón de deportes, Otaniemi**
Construcción 1950-1952

El pabellón de deportes constituye el centro del sector deportivo de la Escuela politécnica de Helsinki. La sala fue construida en 1952 con ocasión de los Juegos Olímpicos. En ella se pueden practicar todos los ejercicios de atletismo ligero. La arquitectura está determinada por la pista de carreras y por la de tiro de jabalina. La construcción es de jácenas de madera montadas en el suelo. Un área inclinada, a manera de tribuna, une el estadio con la cancha de tenis, instalación que permite a los espectadores asistir, sin desplazarse demasiado, a competiciones en las dos zonas.

**Sports complex, Otaniemi**
Construction 1950-1952

The sports complex is the heart of the Polytechnic of Helsinki's sports facilities. The hall was built in 1952 on account of the Olympic Games, providing for the practice of all forms of light athletics. The architecture was conditioned by the running track and the javelin range. The construction is of floor-mounted wooden girders. A sloping grandstand links the stadium with the tennis court, allowing spectators to watch competitions in the two zones with the minimum of movement.

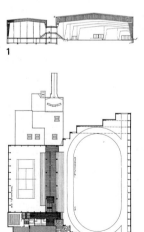

1

3

2

1 Sección
   transversal
2 Planta
3 Maqueta del
   estadio
4 Vista del
   interior

1 Transverse
   section
2 Plan
3 Model of
   the stadium
4 View of the
   interior

4

**Centro deportivo y musical, Viena (Austria)**
Concurso 1953. 1.<sup>er</sup> premio. No realizado

El proyecto se componía de una nave
deportiva que podía ser utilizada igualmente
como sala de conciertos con capacidad
para 25.000 espectadores y como sala de
exposiciones con locales secundarios para
congresos, natación y otros usos. El centro
del proyecto está formado por un anfiteatro
con una plaza bajo un techo colgante a manera
de puente levadizo que cubre también el resto
de las salas. La acústica viene determinada
por un sistema de lamas móviles. Desde la
plaza, los accesos de los automóviles son
subterráneos y se accede a la planta de las
salas mediante escaleras. Los peatones
procedentes de trenes y tranvías entran desde
el parque por un patio cuadrado.
El edificio se distingue por la fuerte
inclinación de su techo de cobre y por las
paredes inclinadas de las salas, realzadas
por lamas metálicas.

**Sporting and musical centre, Vienna (Austria)**
Competition 1953. 1st prize. Unbuilt

The project consisted of a sports hall which could
also be used as a concert hall with a capacity of
25,000 and as an exhibition centre with secondary
areas for conferences, swimming and other uses.
The nucleus of the project is an amphitheatre with
an open space under a tensile roof structure like a
drawbridge which also covers the other parts of the
complex. The acoustics are determined by a system
of movable plates. The vehicle access is located on
a lower level than the open square, and the main
floor is reached by means of stairs. People arriving
on foot from train station or tram stop enter from the
park through a square courtyard.
The building is distinguished by the marked
inclination of its copper roof and its inclined walls,
which are embellished with metallic plates.

Maqueta vista desde el sudeste. En primer
plano, la rampa de acceso para coches.
Encima, la piscina. A la derecha, las entradas
y las taquillas. Detrás de la gran sala,
los terrenos de tenis

Model seen from the south-east. In the foreground,
the access ramp for vehicles. At the top, the
swimming pool. To the right, the entrances and box-
offices. Behind the large hall, the tennis courts.

1

2

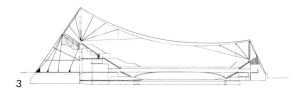

3

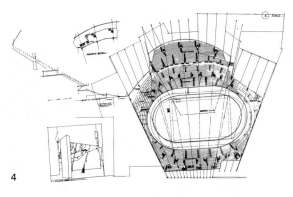

4

1 La gran sala vista desde el sur. Bajo la plaza, el aparcamiento de coches. Sobre las taquillas, la administración, la prensa y la radio. A la izquierda, el restaurante
2 Fachada oeste
3 Sección de la gran sala
4 Plano de la gran sala
5 Planta a nivel de entrada. En el extremo izquierdo, la piscina; en lo alto, el juego de bolos. Al lado de la gran sala, las salas de deportes (atletismo, boxeo, gimnasia y tenis)

1 The large hall seen from the south. Beneath the square, the car park. Above the box-offices, the administration, press and radio offices. To the left, the restaurant
2 West facade
3 Section of the large hall
4 Plan of the large hall
5 Plan of the entrance level. On the far left, the swimming pool; above, the bowling alley. At the side of the large hall, sports halls for athletics, boxing, gymnastics and tennis

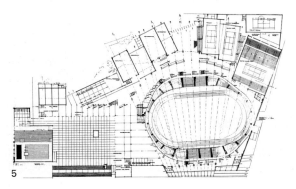

5

**Centro deportivo de la Universidad, Jyväskylä**
Proyecto 1967-1968. Ejecución 1968-1970

El centro deportivo está situado en el extremo del jardín interior de la escuela pedagógica, construida entre los años 1953 y 1955. Espacialmente actúa como cierre de la misma. El centro se compone de laboratorios e instalaciones para la investigación, salas de conferencias y de una pequeña clínica para los estudiantes. Los cuatro gimnasios han sido previstos para juegos de pelota, gimnasia con aparatos, gimnasia femenina y ballet.

**University sports centre, Jyväskylä**
Project 1967-1968. Construction 1968-1970

The sports centre is situated at the end of the enclosed garden of the teacher training school, built between 1953 and 1955. Spatially, the sports centre is the closing off of the school building. The centre comprises laboratories and research installations, lecture theatres and a small clinic for the students. The four gymnasia are intended for pelota, gymnastics with apparatus, female gymnastics and ballet.

1 Plano de situación
2 Vista del gimnasio
3 Vista desde el noroeste

1 Site plan
2 View of the gymnasium
3 View from the north-west

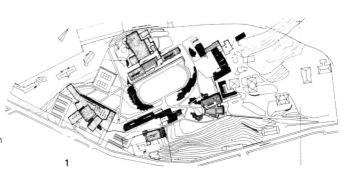

1

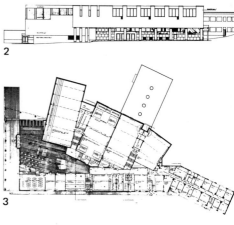

1 Detalle de la escalera
2 Fachada de acceso
3 Planta a nivel de la entrada
4 Hall de entrada

1 Detail of the staircase
2 Access facade
3 Ground floor at entrance level
4 Entrance hall

1

4

**Ampliación de la piscina cubierta, Universidad de Jyväskylä**
Proyecto y ejecución de la 1.ª etapa 1962-1963
Proyecto y ejecución de la 2.ª etapa 1967-1968 y 1973-1975

La nueva piscina cubierta forma parte del nuevo centro deportivo. Ha sido construida junto a la piscina existente, que anteriormente completó las instalaciones de la escuela pedagógica. Este nuevo centro de natación está abierto al público. La piscina pequeña se completa con un solarium.

**Extension to the indoor swimming pool, University of Jyväskylä**
Project and construction of the 1st phase 1962-1963.
Project and construction of the 2nd phase 1967-1968 and 1973-1975

The new indoor swimming pool is part of the new sports centre. It has been built beside the existing pool, which had previously concluded the appointment of the teacher training college. This new swimming pool is open to the public. The small swimming pool also has a solarium.

1

1 Piscina cubierta
2 Sección a través de la nueva y la antigua piscina
3 Planta

1 Indoor swimming pool
2 Section through the new and old swimming pools
3 Plan

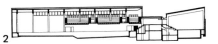

2

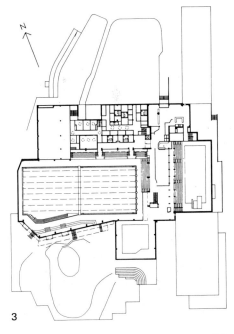

3

139

# Despachos y edificios administrativos

# Offices and administrative buildings

**Sede del periódico «Turun Sanomat»**
Proyecto 1927-1928. Construcción 1928-1929

El edificio fue diseñado para el periódico «Turun Sanomat», cuya sede está situada en una de las arterias comerciales de Turku, entre dos edificios. La construcción es una estructura en hormigón armado con paredes aislantes en hormigón celular, cuya superficie está revestida de un entramado con un acabado especial, lacado y teñido.

1 Fachada desde la calle
2 Plano de la entrada y disposición de los pilares
3 La primera página del periódico se proyecta desde el interior sobre una pantalla

**Headquarters of the newspaper "Turun Sanomat"**
Project 1927-1928. Construction 1928-1929

The building was designed for the newspaper "Turun Sanomat" which has its headquarters in one of the main commercial arteries of Turku, between two buildings. This building has a structure of reinforced concrete with insulating walls of lightweight concrete blocks, whose surface is clad in timber with a special finish, stained and lacquered.

1 Facade from the street
2 Plan of the entrance and arrangement of the pillars
3 The front page of the newspaper is projected from inside onto a screen

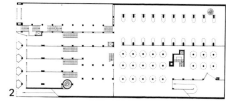

Los techos planos están provistos de diversos lucernarios. Fue la primera vez que el ensayo se hizo con cúpulas de vidrio de gran dimensión, colocados sobre conos de hormigón.
Pilares simétricos y asimétricos soportan las losas de hormigón.

The flat roofs are equipped with a number of skylights. This was the first occasion on which this was attempted with glass cupolas of large dimension placed over concrete cones.
Symmetrical and asymmetrical pillars support the concrete slabs.

1 Lucernarios redondos vistos desde fuera
2 Lucernarios vistos desde el exterior
3 Almacén
4 Sala de máquinas
5 Detalle de la caja de escalera

1 Round skylights seen from outside
2 Skylights seen from inside
3 Store
4 Machine room
5 Detail of the staircase

1

2

3

4

5

**Centro cultural y administrativo «Forum redivivum», Helsinki**
Concurso de 1948, 1.er premio

Este proyecto corresponde a uno de los primeros grandes concursos realizado en Helsinki después de la guerra. El programa preveía la sede del Instituto de Previsión Social, una sala de usos múltiples para la realización de conciertos, exposiciones, etc., despachos para alquiler, viviendas, tiendas, un restaurante y diversas salas para clubs. La organización del conjunto permitió la creación de una zona peatonal libre. Se propusieron dos alternativas: dos centros, uno pequeño y uno mayor, en el que se integraría una plaza de mercado.

**"Forum redivivum" cultural and administrative centre, Helsinki**
Competition of 1948. 1st prize

This project was an entry for one of the first big competitions held in Helsinki after the war. The brief was for a headquarters for the Institute of Social Security, a multi-purpose auditorium for concerts, exhibitions, etc., offices to be let, housing, shops, a restaurant and a variety of club meeting rooms. The organization of the complex as a whole allowed for the creation of a pedestrian precinct. Two alternatives were put forward: two centres, one smaller and one larger, which would include a market square.

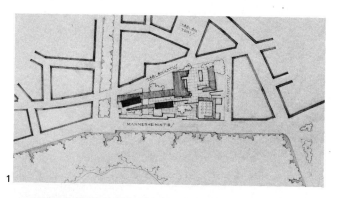

1

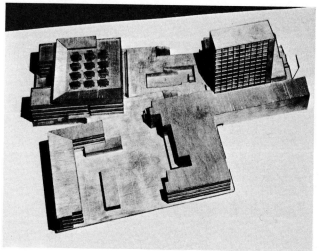

2

1 Plano de situación del conjunto con la nueva plaza de mercado y la comunicación con el parque existente
2 Maqueta

1 Site plan of the complex with the new market square and the link with the existing park
2 Model

142

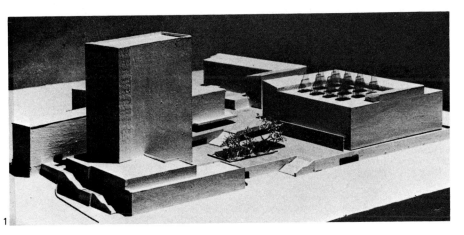

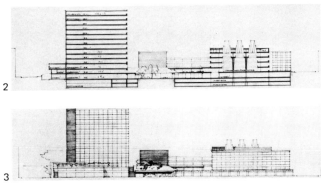

1 Maqueta de estudio
2 Sección a través del
  edificio en torre para
  oficinas y el Instituto
  de Previsión Social
3 Vista
4 Planta con la plaza
  de mercado

1 Study model
2 Section through the office
  block and Social Security
  building
3 View
4 Plan showing the market
  square

FORUM REDIVIVUM / B

143

**Instituto finlandés de trabajadores jubilados, Helsinki**
Concurso 1948. Construcción 1952-1956

**Finnish Institute for retired workers, Helsinki**
Competition 1948. Construction 1952-1956

El programa exigía un edificio administrativo para 800 empleados; su aspecto debía distinguirlo de los edificios ordinarios, apretados en los barrios urbanos. Comprende 110.000 m³ con varias alas que se ordenan alrededor de un patio jardín sobreelevado, lejos del ruido de la circulación. Las alas del edificio están unidas entre sí, a veces por el sótano y forman un conjunto coherente. En la construcción se experimentaron varios sistemas, como, por ejemplo, las paredes que absorben el ruido, para asegurar la tranquilidad de los empleados, o una calefacción por radiación con formas muy estudiadas.

The brief called for an administrative building for a workforce of 800; its appearance should distinguish it from the ordinary buildings crammed together in the urban districts. 110.000 m³, it has a number of wings arranged around a small raised garden, far from the noise of the traffic. The wings of the building connect with one another, sometimes at basement level, and form a coherent whole. Several innovative systems were experimented with in the construction: the walls, for example, absorb sound to ensure tranquil conditions for the employees, and the forms of the pipes and radiators in the heating system are the result of much study.

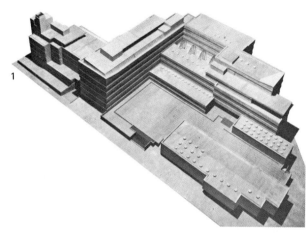

1

1 Maqueta
2 Fachada
 de la entrada

1 Model
2 Entrance facade

2

1 Sección de la gran nave
2 Planta de la dirección
  con salas de
  conferencias
3 Plano con los despachos

1 Section of the large
  hall
2 Plan of the
  management area with
  conference rooms
3 Plan showing the
  offices

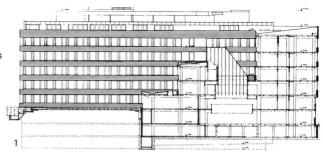

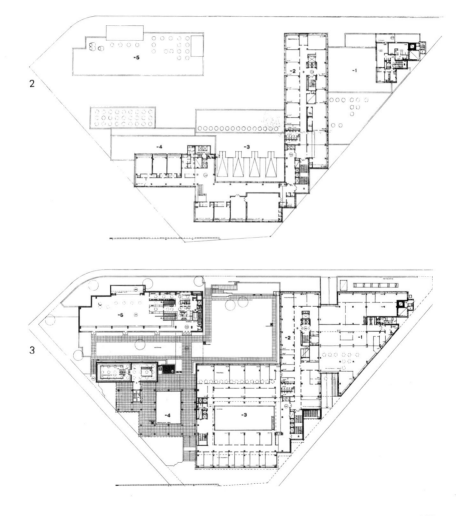

145

1 Rampa al restaurante
2 Secciones de los
  lucernarios de la gran sala
3 Restaurante empleados
4 Nave
5 Biblioteca

1 Stairs up to the restaurant
2 Sections of the skylights
  in the large hall
3 Staff restaurant
4 Hall
5 Library

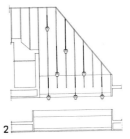

4

147

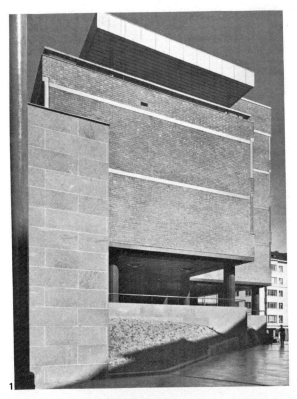

1 Fachada lateral
2 Fachada del jardín

1 Lateral facade
2 Garden facade

**Edificio comercial «Rautatalo», Helsinki**
Concurso 1952. Construcción 1953-1955

Una de las tareas principales era adaptar este edificio administrativo a las preexistencias, es decir, a los edificios construidos en el centro de la ciudad desde 1925 hasta 1930. Se intentó tratar la estructura de hormigón de manera que correspondiera al aspecto de las casas circundantes. La fachada de cristal no es portante. El interior se ordena alrededor de un patio en travertino, cubierto de lucernarios cuyo sistema fue mejorado con relación al utilizado en la biblioteca de Viipuri (Viborg). La iluminación eléctrica está instalada sobre los lucernarios para obtener el mismo efecto de noche que de día. Además, en invierno ayuda a fundir la nieve. La fachada de la calle está revestida de cobre y aislada con corcho. El muro testero es de ladrillo aparente.

**"Rautatalo" commercial building, Helsinki**
Competition 1952. Construction 1953-1955

One of the main requirements of the design was that the new administrative building adapt to the existing buildings, that is, to those constructed in the city centre between 1925 and 1930. The approach was to treat the concrete structure in a manner corresponding to the appearance of the buildings round about. The glass facade is not load-bearing. The interior is organized around a courtyard of travertine under a system of skylights which is an improved version of the one used in the Viipuri library (Viborg). The electric lighting is installed over the skylights so as to obtain the same effect at night as during the day. This also helps to melt the snow in winter. The facade onto the street is clad in copper insulated with cork. The front wall is of exposed brick.

Fachada de la calle

Facade onto the street

149

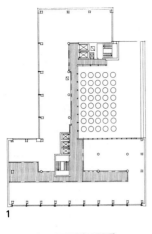

1

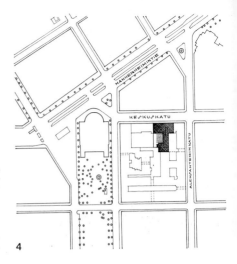

4

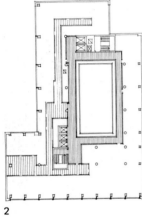

2

1 Planta de despachos
2 Plano de la planta de despachos
3 Plano del vestíbulo
4 Situación
5 Sección longitudinal
6 Vestíbulo con lucernarios
7 Surtidores en el vestíbulo central
8 Vestíbulo con lucernarios

1 Floor with offices
2 Plan of floor with offices
3 Plan of the vestibule
4 Site
5 Longitudinal section
6 Vestibule with skylights
7 Fountains in the central vestibule
8 Vestibule with skylights

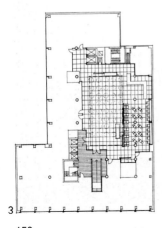

3

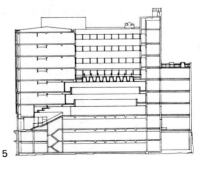

5

6

7

8

**Taller del arquitecto, Helsinki**
Construcción 1953-1956

**The architect's studio, Helsinki**
Construction 1953-1956

La casa fue construida en 1956 en la ciudad-jardín de Munkkiniemi, en los alrededores de Helsinki. Dispone de todos los locales necesarios para el trabajo de un arquitecto.
Posee dos grandes salas de dibujo con el secretariado, los archivos y una sala de conferencias. Las dos son parecidas y pueden ser utilizadas indiferentemente para trabajos más o menos importantes.
Por el lado de la calle no hay ventanas, lo cual priva del ruido, pero el estudio se abre ampliamente sobre el jardín, donde se encuentra una especie de anfiteatro al aire libre para conferencias o recreo del tiempo de ocio.

The house was built in 1956 in the garden city of Munkkiniemi, on the outskirts of Helsinki. It is equipped with all the facilities necessary for an architect's work.
There are two large drawing offices and a secretary's office, the archive and a conference room. The drawing offices are very alike and can be used interchangeably for projects of greater or lesser importance. There are no windows giving onto the street, which keeps out noise, but the studio is very open to the garden, which has a kind of amphitheatre for open-air meetings or recreation during rest periods.

1

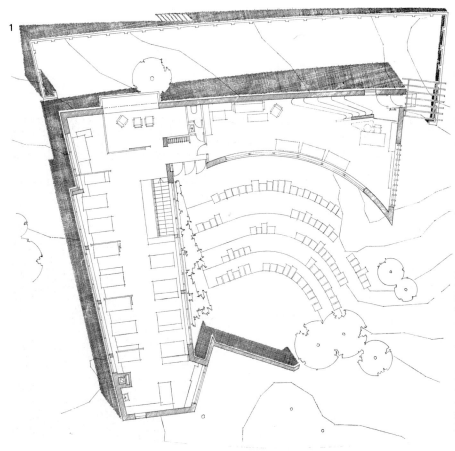

1 Plano de la planta principal
2 Interior del taller curvado
3 Sala de dibujo
4 Jardín

1 Plan of the first floor
2 Interior of the curving studio
3 Drawing office
4 Garden

**Sede de la sociedad Enso-Gutzeit, Helsinki**
Proyecto 1959. Construcción 1960-1962

El edificio está situado en el centro clásico de Helsinki; en cierta manera es la transición entre este barrio y el mar, cerca de la plaza del mercado que se abre al puerto. Esta disposición recuerda la «Riva degli Schiavoni» en Venecia.
Al mismo tiempo está colocado en la perspectiva de la gran arteria de la ciudad. El arquitecto ingenió la manera de armonizar el aspecto del edificio moderno con la arquitectura existente.

**Headquarters for the Enso-Gutzeit company, Helsinki**
Project 1959. Construction 1960-1962

The building is situated in the classical city centre of Helsinki; in a sense it marks the transition from this district to the sea, near the market square which opens onto the port. This layout recalls the "Riva degli Schiavoni" in Venice.
At the same time, the building is set within the perspective of the city's main thoroughfare. The architect has found a way to harmonize the modern building with the existing architecture.

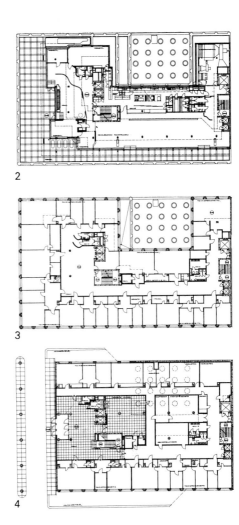

2

3

4

1 Detalles de la fachada
2 Última planta
3 Planta tipo
4 Planta baja
5 Sección longitudinal

1 Details of the facade
2 Top floor
3 Typical floor plan
4 Ground floor
5 Longitudinal section

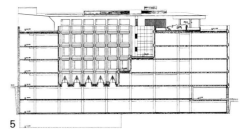

5

1 Detalle de la entrada
2 Fachada
3 Fachada longitudinal

1 Detail of the entrance
2 Facade
3 Longitudinal facade

**Edificio del Banco Nórdico, Helsinki**
Proyecto 1962. Construcción 1962-1964

Edificios de la mitad del siglo XIX forman el entorno donde deben realizarse las ampliaciones del Banco Nórdico; en la explanada hay edificios administrativos y comerciales; en la Alexandrinkatu y en el

**Nordic Bank building, Helsinki**
Project 1962. Construction 1962-1964

The setting for the extension to the Nordic Bank is made up of mid-19th century buildings; administrative and commercial buildings line the esplanade; in the Alexandrinkatu and the city's monumental centre there is the market square with

1 Detalle de la fachada
2 Vista de la explanada
3 Fachada

1 Detail of the facade
2 View of the esplanade
3 Facade

centro monumental de la ciudad, está la plaza del mercado con edificios de estilo Imperio, entre los que se encuentra la gran iglesia de C. L. Engel que domina el conjunto. La arquitectura y las dimensiones de la nueva fachada revestida en latón buscan la adaptación al medio.

its buildings in the Imperial style, C. L. Engel's great church dominant amongst them. The architecture and the dimensions of the new brass clad facade seek to fit into this environment.

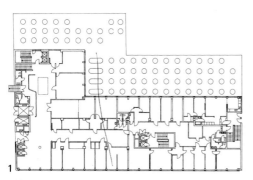

1 Planta tipo
2 Planta baja
3 Peristilo
4 Vestíbulo del Banco

1 Typical floor plan
2 Ground floor
3 Peristyle
4 Vestibule of the bank

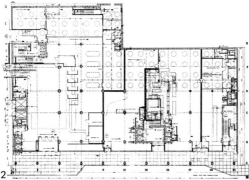

**Librería universitaria, Helsinki**
Concurso 1962. Construcción 1966-1969

Este edificio forma un conjunto con los Grandes Almacenes Stockmann, situados enfrente en la Keskuskatu. La zona peatonal y el aparcamiento se encuentran bajo la calzada. La librería y sus múltiples secciones ocupan un gran espacio interior de tres plantas de altura. La administración se encuentra en los cinco pisos superiores.

**University bookshop, Helsinki**
Competition 1962. Construction 1966-1969

This building comprises a whole together with the Stockmann department stores, situated opposite in the Keskuskatu. The pedestrian precinct and the carpark are located below the roadway. The bookshop with its numerous sections occupies a large interior space three storeys in height. The administrative departments are on the upper five floors.

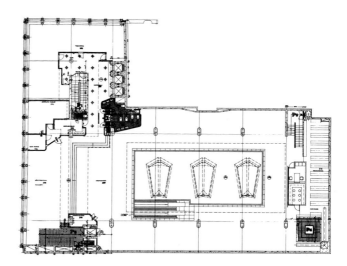

**Plano de la primera galería**

Plan of the first gallery

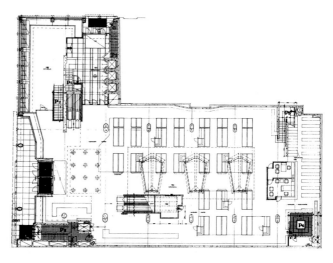

**Plano de la planta baja**

Plan of the ground floor

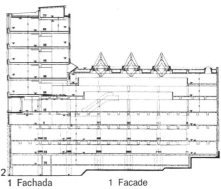

1 Fachada
2 Sección
 longitudinal
3 Vista de
 gran sala

1 Facade
2 Longitudinal
 section
3 View of the
 main hall

**Caja de Ahorros Ekenäs, Tammisaari**
Proyecto 1964. Construcción 1965-1967

**Ekenäs Savings Bank, Tammisaari**
Project 1964. Construction 1965-1967

Este banco con sus tiendas y despachos constituye la primera etapa de un centro de viviendas y negocios en Tammisaari (Ekenäs en sueco) antiguo puerto de pescadores al oeste de Helsinki. Las viejas casas de madera pintadas de blanco con sus vallas dan a la ciudad un encanto particular, donde el blanco, el verdor de los árboles, el azul oscuro del mar y el azul del cielo forman un maravilloso contraste.

This bank building with its shops and offices is the first phase of a residential and business centre in Tammisaari (Ekenäs in Swedish), an old fishing port to the west of Helsinki. The old white-painted wooden houses with their wooden fences give the town a special charm, with the white, the green of the trees, the dark blue of the sea and the blue of the sky forming a marvelous contrast.

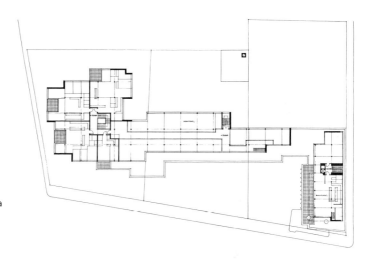

Plano de la primera planta

Plan of the first floor

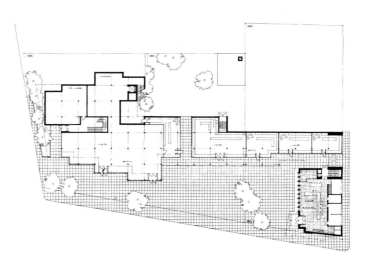

Plano de la planta baja

Plan of the ground floor

1 El banco y los
  edificios anexos son
  blancos
2 Fachada

1 The bank and
  its annexes
  are white
2 Facade

**Edificio administrativo Pohjola, «Maiandros», Helsinki**
Concurso 1965

**Pohjola administrative building, "Maiandros", Helsinki**
Competition 1965

Una empresa privada organizó este concurso para la sede principal de su administración. Se requerían despachos de grandes dimensiones sin corredores. La solución adoptada consiste en una combinación de cuadrados y zonas para la circulación directamente comunicadas. Esto permite una gran flexibilidad y garantiza la iluminación natural. Una pared curva tridimensional de hormigón amortigua el ruido proveniente de la autopista situada en las cercanías. El entorno boscoso fue respetado en la medida de lo posible.

A private company organized this competition for its administrative headquarters. Large offices without corridors were called for. The solution arrived at consists of a combination of squares and directly communicating circulation zones. This allows for great flexibility and ensures natural illumination. A three-dimensional curving wall of reinforced concrete deadens the noise from the nearby motorway. The wooded setting was conserved as far as possible.

2

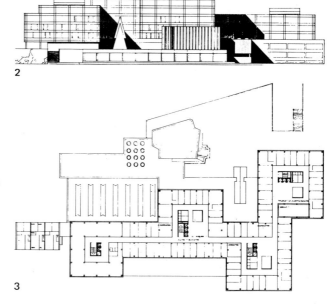

1 Maqueta
2 Fachada orientada hacia
  el jardín
3 Plano de una planta
  tipo de oficinas

1 Model
2 Facade looking onto
  the garden
3 Plan of a typical
  office floor

3

163

**Edificio de la Jefatura de policía, Jyväskylä**
Proyecto 1967-1968. Ejecución 1970

El edificio de la administración de policía pertenece a la primera etapa del centro cultural y administrativo proyectado para la ciudad de Jyväskylä. Allí se establecerá la Jefatura de policía central y regional, para la que se han previsto las secciones y despachos necesarios. El aspecto exterior es sobrio. Solamente la pared de hormigón que se alza frente a la zona verde ha sido concebida como elemento escultural, que se continuará posteriormente con el edificio del teatro.

**Police headquarters, Jyväskylä**
Project 1967-1968. Construction 1970

The police headquarters building belongs to the first phase of the planned cultural and administrative centre for the town of Jyväskylä. The appropriate departments and offices for the central and regional police have been provided. The exterior is sober in appearance. Only the concrete wall which rises up in front of the landscaped area has been conceived as scupture, being carried on in the theatre building.

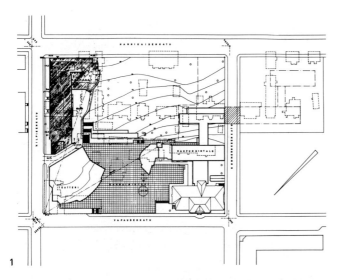

1

2

1 Plano de situación
2 Fachada de acceso

1 Site plan
2 Access facade

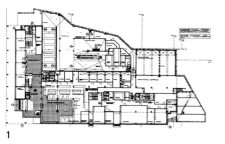

1

1 Planta a nivel de la entrada
2 Detalle de la pared de hormigón
3 Detalle de la fachada

1 Plan of the entrance level
2 Detail of the concrete wall
3 Detail of the facade

2

**Edificio administrativo de los Servicios Eléctricos «Sänkötalo», Helsinki**
Proyecto 1967-1970. Ejecución 1970-1973

**Administrative building for the "Sänkötalo" Electricity Board, Helsinki**
Project 1967-1970. Construction 1970-1973

La administración de los Servicios Eléctricos de la ciudad de Helsinki ejemplifica la forma en que se puede integrar un edificio existente en una construcción nueva. Se respetó el funcionamiento del antiguo edificio. Sin embargo, algunas de estas funciones en el nuevo se desarrollan en forma independiente.
Los elementos horizontales de la cubierta se extienden sobre ambos edificios unificando el conjunto en un solo volumen.

The headquarters of the city of Helsinki's Electricity Board illustrates the way in which an existing building can be integrated into a new construction. The manner of functioning of the old building has been respected, yet certain of these functions have been developed along different lines in the new building.
The horizontal elements of the roof are extended over both buildings, uniting the complex into a single volume.

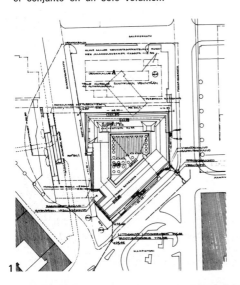

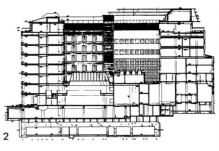

2

1 Plano de situación
2 Sección
3 Fachada de acceso

1 Site plan
2 Section
3 Access facade

1

3

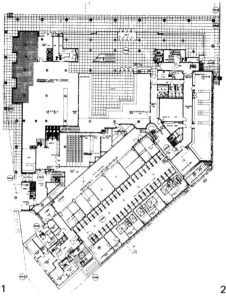

1 Planta a nivel de la
  entrada
2 Tableros eléctricos
3 Fachada con las partes
  antigua y nueva
4 Vista

1 Plan of the
  entrance level
2 Switchboards
3 Facade with the old
  and new parts
4 View

**Estación central «Drottning Torget», Göteborg (Suecia)**
Concurso 1956, 1.ᵉʳ premio

**"Drottning Torget" main railway station, Göteborg (Sweden)**
Competition 1956. 1st prize

La estación de Göteborg. debido a su emplazamiento, funciona más bien como un centro en el que se realizan infinidad de actividades y confluyen distintos sistemas de comunicación, los cuales fallan en general al no lograrse la adecuada transición entre un sistema y otro. El proyecto intenta resolver este problema con la ayuda de una «máquina de tráfico». Las distintas plataformas para la circulación sirven a su vez de cubierta para la estación, los aparcamientos, etc. Para evitar las vibraciones, los lugares de trabajo están constructivamente separados de la estructura general.

Göteborg station, as a result of its location, is in fact the centre for an enormous variety of different activities and the intersection of a number of distinct traffic systems, which are generally impaired in their function by the lack of adequate interconnections between them. The project is an attempt to solve this problem by means of a "traffic machine". The different platforms on which traffic circulates are at the same time roofs for the station, car parks, etc. To exclude vibration, the places where people will be working are separated in their contruction from the general structure.

1 Vista de la ciudad
2 Plano de situación

1 View of the city
2 Site plan

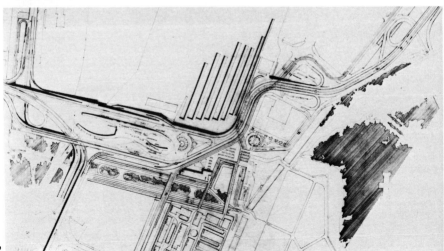

# Fábricas

# Factories

**Fábrica de celulosa, Sunila**
Proyecto 1935-1937. Construcción 1936-1939.
Ampliación 1951-1954

El consorcio de celulosa de Sunila, en Finlandia del sur, pertenece a partes iguales a cinco sociedades industriales. La isla, con sus terrazas rocosas, sobre la que se sitúa la fábrica, fue conservada tal cual y se utiliza el desnivel escalonando la fábrica desde lo alto hasta el nivel del mar.

**Cellulose factory, Sunila**
Project 1935-1937. Construction 1937-1939.
Extension 1951-1954

The cellulose consortium in Sunila, in the south of Finland, is co-owned in equal shares by five different industrial companies. The island on which the factory is situated has a series of rocky terraces which were conserved, so the factory is stepped from the high ground down to sea level.

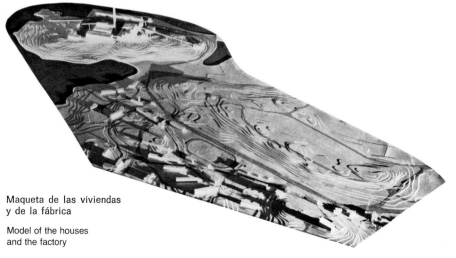

Maqueta de las viviendas
y de la fábrica

Model of the houses
and the factory

El centro de las instalaciones forma una terraza desde donde pueden vigilarse los talleres. Allí se encuentran los despachos, los laboratorios, etc., en una zona verde de ambiente muy agradable. Los edificios de la fábrica, unidos entre sí por medio de avenidas, están situados en un bosque de pinos intacto. Los obreros se hallan en un ambiente de vegetación donde cada edificio se inserta libremente en el lugar, según los escalonamientos del terreno.

The centre of the installations is a terrace which overlooks the workshops. Here are the offices, laboratories, etc., in a landscaped area with a very pleasant atmosphere. The factory buildings, connected with each other by avenues, are located in an unfelled pine wood. The workers have an environment in which each building is freely disposed in its setting according to the gradation of the site.

1 Plano de situación
2 A la izquierda, los almacenes; en el centro, el silo de los productos derivados
3 Vista parcial de la fábrica

1 Site plan
2 To the left, the stores; in the centre, the silo containing the byproducts
3 Partial view of the factory

1

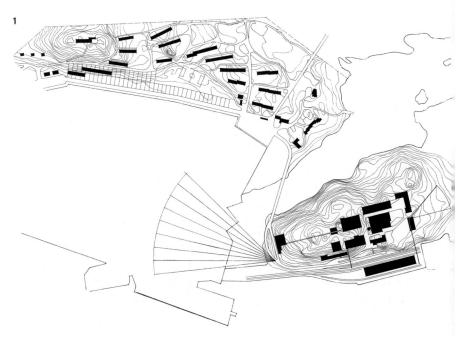

2

3

171

1 Vista de conjunto
2 De izquierda a derecha: almacenes, silo y
torre de productos derivados,
instalaciones de transbordo, administración
3 Se han conservado las rocas en lo posible
4 Parte de una de las paredes en hormigón
aparente de un almacén

1 View of the complex
2 From left to right; stores, by-product silo and
factory chimney
3 The rocks have been retained where possible
4 Part of one of the exposed concrete walls of a
warehouse

3

4

173

**Aserradero, Varkaus**
Proyecto y construcción 1945-1946

**Sawmill, Varkaus**
Project and construction 1945-1946

El aserradero de Varkaus forma parte de uno de los grupos industriales más importantes de Finlandia. Se levanta sobre las ruinas de antiguas edificaciones cuyas terrazas en hormigón eran lo bastante sólidas como para servir de cimientos del nuevo aserradero, concebido según modernos procedimientos. Una estructura metálica ligera sostiene la construcción en madera.
Los elementos arquitectónicos se adaptan a las exigencias mecánicas del aserradero.

The sawmill in Varkaus belongs to one of the most important industrial groups in Finland. It is built on the site of a ruined building whose concrete terraces proved solid enough to be used as foundations for the new sawmill, designed and laid out according to modern principles. A lightweight metal structure holds up the wooden contruction.
The architectural elements conform to the mechanical imperatives of the sawmill.

1-2-3 El revestimiento en madera realza las formas determinadas por la función

1-2-3 The timber cladding highlights forms determined by their function

**Central térmica de la Escuela politécnica, Otaniemi**
Proyecto 1962. Construcción 1962-1963

**Heating plant for the Polytechnic, Otaniemi**
Project 1962. Construction 1962-1963

La central térmica proporciona calor a los edificios de la Escuela politécnica de Otaniemi y sirve de laboratorio de investigación a los ingenieros de la especialidad. En el programa de construcción se preveían ampliaciones. La estructura adoptada permite una gran libertad en la distribución. Las fachadas son de ladrillo rojo; el basamento de hormigón aparente; la carpintería metálica de cobre. Los grandes ventanales son de carpintería metálica, con elementos en serie intercambiables.

The heating plant heats the buildings of the Otaniemi polytechnic and also serves as a laboratory for engineering students researching in this field. Future extensions were provided for in the scheme. The structure adopted makes a large degree of freedom possible in the distribution. The facades are of red brick; the base is of exposed concrete; the metalwork is in copper. The frames of the large windows are of metal, with interchangeable elements in series.

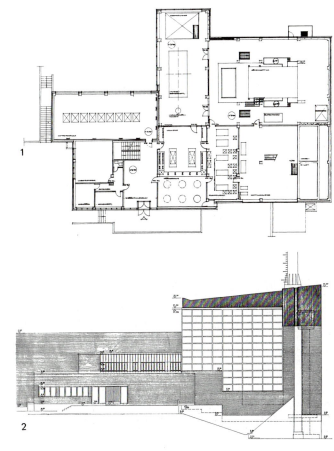

1 Plano
2 Alzado
  longitudinal

1 Plan
2 Longitudinal
  elevation

2

175

1-2 Fachada

1-2 Facade

# Ayuntamientos

# Town halls

**Ayuntamiento, Säynätsalo**
Concurso 1949. Construcción 1950-1952

Säynätsalo es una isla con grandes diferencias de nivel que se encuentra en el lago interior de Päjänne. Tiene aproximadamente tres mil habitantes que viven de una única y modesta industria.
El plan de equipamento es de 1945, la renovación del mercado central con el ayuntamiento y los edificios comerciales es un poco posterior.
Aparte de los despachos comerciales y de la

**Town hall, Säynätsalo**
Competition 1949. Construction 1950-1952

Säynätsalo, an island on lake Päjänne, has extreme constrasts of altitude. There are approximately three thousand inhabitants, whose livelihood comes from the island's single, modest, industry.
The plan of amenities and services dates from 1945, and the renovation of the central market together with the town hall and commercial buildings from a little later.
Besides the commercial offices and municipal council chamber, the building contains the municipal

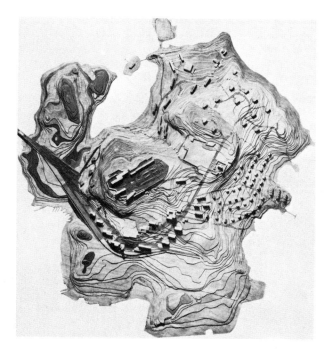

Maqueta del conjunto

Model of the complex

sala del consejo municipal, contiene la biblioteca municipal, habitaciones y, en la planta baja, algunas dependencias dispuestas de manera que puedan ser incorporadas al ayuntamiento cuando éste deba ser ampliado. La sala del consejo tiene forma de cubo puesto que su altura corresponde más o menos a la longitud de los lados. La estructura es aparente en el interior, las jácenas y las vigas son visibles. En el rudo clima de Finlandia, la ventilación de la estructura se consigue gracias a este tipo de construcción aparente donde no existe ningún elemento revestido.

library, bedrooms and, on the ground floor, a numer of rooms which are arranged in such a way that they can be taken over by the town council should expansion become necessary. The council chamber is in the form of a cube, given that its height is more or less equivalent to the length of its sides. The structure is exposed on the interior, the girders and beams visible. In Finland's hard climate, the ventilation of the structures is achieved thanks to this type of exposed costruction in which there are no clad elements.

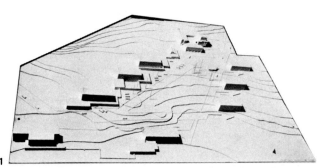

1

2

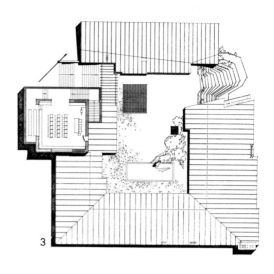

1 Maqueta de situación
2 Fachada sudeste con escalera
3 Plano del techo con la sala del
  consejo
4 Planta principal
5 Sección de la biblioteca y de los
  despachos de la administración

1 Model of the site
2 South-east facade with stairway
3 Plan of the roof with council
  chamber
4 First floor
5 Section of the library and the
  administrative offices

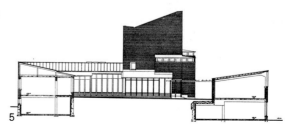

1 Vista sur
2 Corredor con despachos
3 Entrada principal

1 South view
2 Corridor and offices
3 Main entrance

1

1 Detalle de la
   construcción del tejado
2 Estructura aparente
   en la sala del consejo
3 Escalera que conduce
   al patio interior desde
   el lado oeste y el parque

1 Detail of the roof
   construction
2 Exposed structure in the
   council chamber
3 Stairway leading to the
   interior courtyard from the
   west side and the park

2

3

**Ayuntamiento y administración municipal, Marl (Alemania)**
Concurso 1957

**Town hall and municipal administration, Marl (Germany)**
Competition 1957

El programa de este ayuntamiento fue resuelto con una organización formal especial. La distribución de los distintos edificios crea una especie de ágora abierta al parque y protegida de la circulación. El vestíbulo se organiza de forma similar a la de las estaciones del metro, en las que se elige el destino y se sigue el recorrido previsto.

A special formal organization provided the resolution of the programme for this town hall. The distribution of the various buildings creates a kind of agora open to the park and sheltered from traffic. The vestibule is organized somewhat like a metro station, where you choose your destination and then follow a predetermined route.

1 Fachada del ayuntamiento y de la sala de juntas
2 Plano de situación
3-4 Primeros bocetos del conjunto

1 Facade of the town hall and assembly building
2 Site plan
3-4 First sketches of the complex

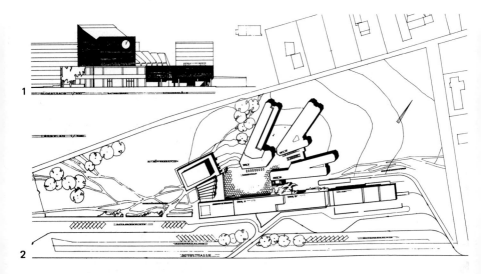

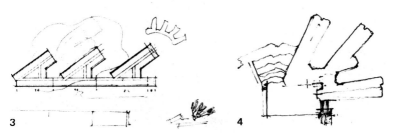

3

4

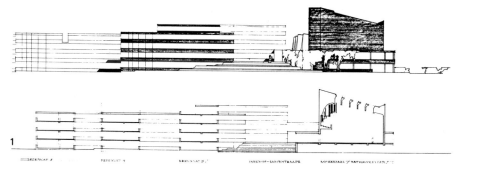

1

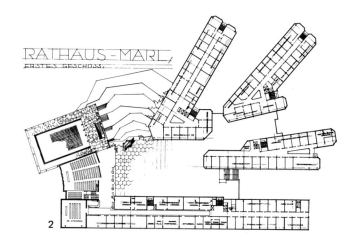

RATHAUS-MARL,
ERSTES GESCHOSS,

2

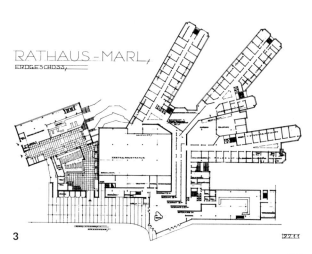

RATHAUS-MARL,
ERDGESCHOSS,

1 Fachada hacia el jardín
  y sección
2 Primera planta superior
  con el ágora
3 Planta a nivel de la
  entrada con el sistema
  especial de distribución

1 Facade onto the garden
  and section
2 First floor and agora
3 Plan of the entrance level
  and the special
  distribution system

3

**Ayuntamiento, Kiruna (Suecia)**
Concurso 1958. 1.<sup>er</sup> premio. No realizado

**Town hall, Kiruna (Sweden)**
Competition 1958. 1st. prize. Unbuilt

Kiruna es la gran «mina de oro» de Suecia, donde se extrae un mineral de gran calidad. El proyecto de este ayuntamiento intentó integrarse en este paisaje único.
El ayuntamiento y la casa municipal constituyen el centro de este paraje característico, cuyo aspecto está determinado por los inmensos depósitos de restos de mineral.
A causa de las enormes acumulaciones de nieve, el edificio fue concebido de manera que las masas se deslizaran sobre la cara norte, que es particularmente lisa.

Kiruna is Sweden's great "goldmine", where high quality ore is extracted. The project for the town hall tried to integrate the building with this unique landscape.
The town hall and municipal hall form the centre of this remarkable spot characterised by its enormous deposits of mineral waste.
Because of the extremely heavy snowfall, the building was designed so that the accumulated mass of snow will slide off the north face, which is particularly smooth.

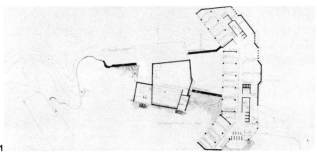

1

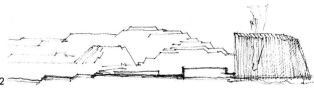

2

1 Plano de la entrada
2 Croquis de la fachada
3 Maqueta
4 Boceto del plano de situación

1 Plan of the entrance
2 Sketch of the facade
3 Model
4 Sketch plan of the site

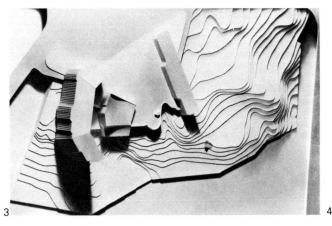

3

4

**Ayuntamiento, Seinäjoki**
Proyecto 1961-1962. Construcción 1963-1965
El ayuntamiento con la iglesia, construida con anterioridad, y la biblioteca forman una parte del centro previsto para Seinäjoki. La cubierta oblicua con sus lucernarios domina el edificio y le confiere su aspecto característico. La plaza y el edificio se unen mediante una serie de terrazas con plantas y un surtidor. La entrada principal se encuentra bajo la sala del consejo, pero ésta es también accesible por las terrazas.

1 Vista exterior del ayuntamiento
2 Centro administrativo y sala del ayuntamiento

**Town hall, Seinäjoki**
Project 1961-1962. Construction 1963-1965
The town hall, the church built prior to it, and the library together form part of the centre projected for Seinäjoki. The sloping roof with its skylights dominates the building and gives it its distinctive appearance. The square and the building are linked by a series of terraces with plants and a fountain. The main entrance is located beneath the council chamber, which can also be reached from terraces.

1 Exterior view of the town hall
2 Administrative centre and hall of the town council

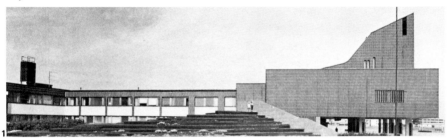

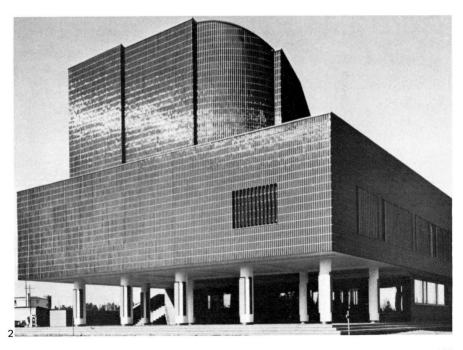

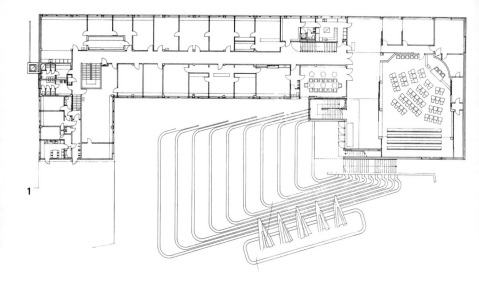

1

1 Plano de la primera planta
2 Fachada
3 Vista interior de la sala del consejo

1 Plan of the first floor
2 Facade
3 Interior view of the council
chamber

2

3

**Ayuntamiento, Alajärvi**
Proyecto 1966. Construcción 1967-1969

Alajärvi es una pequeña localidad de alrededor de cinco mil habitantes, al oeste de Finlandia central.
Cerca de la célebre iglesia de principios del siglo XIX, de planta de cruz griega, se está levantando un centro cívico. El ayuntamiento y el dispensario forman la primera etapa de este conjunto. La zona interior está reservada para los peatones. Las nuevas construcciones se adaptarán al carácter campesino de la localidad.

**Town hall, Alajärvi**
Project 1966. Construction 1967-1969

Alajärvi is a small town of around five thousand inhabitants to the west of central Finland.
A civic centre is being constructed near the famous early 19th century church, in the form of a Greek cross in plan. The town hall and the clinic constitute the first phase of this complex. The internal space is exclusively for pedestrians. The new buildings will be in keeping with the rural character of the place.

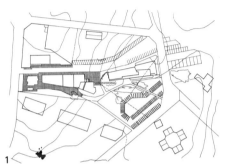

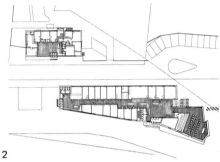

1 Plano de situación
2 Planta general
3 Ayuntamiento
4 Interior de la sala del consejo
5 Fachada

1 Site plan
2 General plan
3 Town hall
4 Interior of the council chamber
5 Facade

# Centros espirituales

# Religious buildings

**Capilla del cementerio de Malm, Helsinki**
Concurso 1950. 1.<sup>er</sup> premio. No realizado

El arquitecto crea el medio donde se desarrollarán circunstancias de la vida alegres o tristes.
La capilla de los funerales es el lugar de la última despedida de un ser querido; esta ceremonia fúnebre debe desarrollarse en un ambiente digno y austero en el que los sentimientos de plegaria no sean dominados por los efectos de una vana pompa o de una falsa aflicción.
En general, el medio es adecuado a la austeridad de las ceremonias fúnebres.
A menudo las ceremonias múltiples han conducido a una rutina fastidiosa, efecto que se ha intentado evitar en Malm. Cada capilla dispone de un espacio para rendir honores dignamente, sin dar la impresión de una ceremonia muy preparada y organizada.

**Chapel of Malm cemetery, Helsinki**
Competition 1950. 1st prize. Unbuilt

The architect creates the setting in which sad as well as happy events take place.
The funeral chapel is the scene of the final farewell to a loved one; this solemn ceremony should be performed in a dignified and sober atmosphere in which prayer is not troubled by effects of vain pomp or an insincere grief.
The environment is in keeping with the austerity of a funeral service. The observance of multiple ceremonies is often accompanied by a disturbing sense of routine, an effect which this project has tried to prevent. Each chapel possesses a space for the dignified paying of respects without giving the impression of an over-prepared and rehearsed ceremony.

1

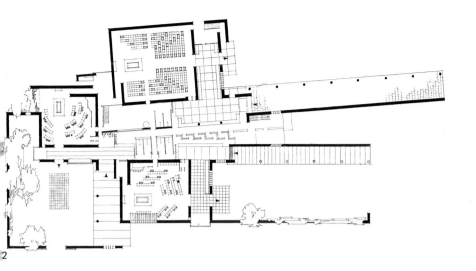

2

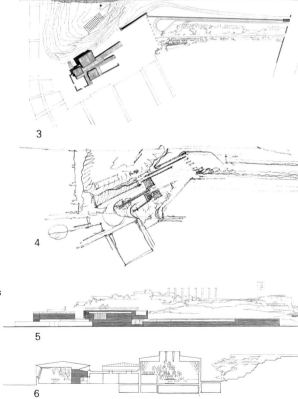

3

4

1 Maqueta
2 Plano
3 Situación
4 Uno de los primeros esbozos
5 Fachada longitudinal
6 Sección

1 Model
2 Plan
3 Situation
4 One of the first sketches
5 Longitudinal facade
6 Section

5

6

**Cementerio, Lyngby (Dinamarca)**
Concurso 1952. No realizado

**Cemetery, Lyngby (Denmark)**
Competition 1952. Unbuilt

El programa del concurso proponía el estudio de un cementerio y de una capilla donde debían desarrollarse al menos quince servicios fúnebres al día. Tal acumulación de ceremonias era difícil de resolver. El proyecto preveía varias capillas en lugar de una sola. De esta manera, los funerales podían oficiarse por separado, sin que los asistentes se mezclaran.
El cementerio está situado en una especie de cráter, a donde conducen todos los caminos de las tumbas.
Así, la atmósfera invita al recogimiento respetando los sentimientos afligidos de quienes rinden homenaje a los seres desaparecidos.

The brief for the competition asked for a study of a cemetery and chapel in which a minimum of fifteen funeral services could be held each day. Such a large number proved difficult to provide for, and so the project proposed several chapels in place of one. In this way the funerals could be performed separately without the people attending them having to mix.
The cemetery is situated in a kind of crater, to which all the paths lead.
The atmosphere is one of quiet and recollection, respecting the sentiments of those paying their respects to the departed.

1 Plano de situación
2 Croquis

1 Site plan
2 Sketch

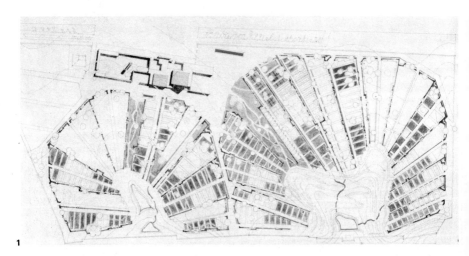

1

2

1 Maqueta
2 Plano general
3 Sección longitudinal
4 Vista de la maqueta

1 Model
2 General plan
3 Longitudinal section
4 View of the model

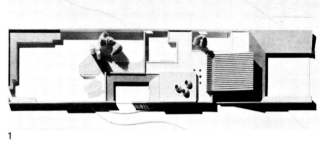

1

2

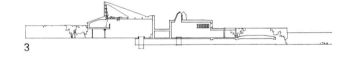

3

**Iglesia, Lahti**
Concurso 1950. Proyecto 1970

La iglesia de Lahti debía ser la iglesia más importante de la ciudad. Se encuentra en un terreno triangular, entre dos avenidas del centro de la ciudad, donde ocupará un lugar preeminente. El concurso se abrió en 1950, pero el proyecto no se realizó entonces.
El proyecto de 1970 presenta una concepción totalmente nueva.
El campanario, formado por una serie de pilares, se levanta sobre el volumen de la nave. El porche puede utilizarse para actos diversos.

1 Plano de situación
2 Maqueta
3 Entrada
4 Plano de la planta baja

**Church, Lahti**
Competition 1950. Project 1970

The church was to be the most important in the town of Lahti. It is located on a triangular site, between two avenues in the centre of the town, where it occupies a pre-eminent position. The competition was held in 1950, but the project was not carried out at that time. The 1970 project puts forward an entirely new approach.
The bell tower, composed of a series of pillars, rises up over the volume of the nave. The porch can be used for a variety of functions.

1 Site plan
2 Model
3 Entrance
4 Plan of the ground floor

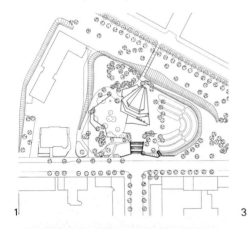
1

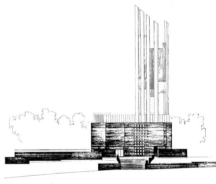
2

3

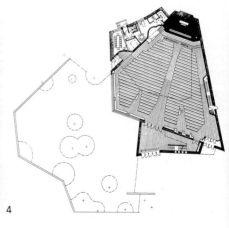
4

**Iglesia y centro parroquial, Seinäjoki**
Iglesia: Concurso 1952. Construcción 1958-1960
Centro parroquial: Proyecto 1963. Construcción
1964-1966

**Church and parish centre, Seinäjoki**
Church: Competition 1952. Construction 1958-1960
Parish centre: Project 1963. Construction 1964-1966

La iglesia es la catedral de Finlandia central
y septentrional. El campanario, símbolo de
Seinäjoki, es también un belvedere sobre el
mar y los alrededores agrícolas y forestales.
El centro parroquial, sobreelevado con
respecto a la iglesia, se agrupa en un espacio
cuadrado que desciende escalonadamente
en sucesivas terrazas. En este espacio se
puede predicar y celebrar grandes
festividades al aire libre. Igualmente, parte de
la cubierta del centro parroquial forma una
terraza más.

This church is the cathedral of central and northern
Finland. The bell tower, symbol of Seinäjoki, is also
a belvedere offering a view over the surrounding
farmland and forests and the sea. The parish centre,
on a site somewhat higher than that of the church, is
disposed around a square which is stepped down in
a series of terraces. This space can be used for
prayer and for great open-air celebrations. In
addition, a part of the roof of the parish centre forms
yet another terrace.

1 Planta
2 El campanario, símbolo de Seinäjoki

1 Plan
2 The bell tower, symbol of Seinäjoki

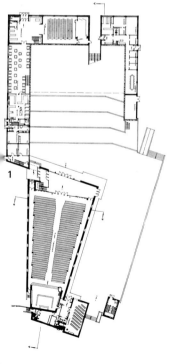

1

2

7 – KARL FLEIG

1 Vista interior
2 Órgano
3 Capilla con vidrieras
4 Entrada
5 Vista lateral de la iglesia con el campanario
6 Iglesia y presbiterio vistos desde la plaza del ayuntamiento

1 Interior view
2 Organ
3 Chapel with stained glass windows
4 Entrance
5 Side view of the church with the bell tower
6 Church and presbytery seen from the town hall square

**Iglesia de Vuoksenniska, Imatra**
Proyecto 1956. Construcción 1957-1959

**Vouksenniska church, Imatra**
Project 1956. Construction 1957-1959

La iglesia de Vuoksenniska es una de las tres iglesias de Imatra, municipio bastante industrial, condición determinante del aspecto de la iglesia.
El campanario planteó un problema especial puesto que la región está sembrada de chimeneas. Más que la dimensión debía pues resaltar la forma.
La iglesia, aparte de su función propia, debía servir para otros fines, tal como suele suceder en zonas industriales. Las diversas funciones se expresan en los volúmenes exteriores.
Uno de los espacios que contiene el altar, el púlpito y el órgano tiene una capacidad para 290 personas. Allí reina una atmósfera de recogimiento. En este mismo lugar se celebran las bodas, los entierros y otras ceremonias.
La capilla puede ser ampliada suprimiendo los tabiques que la separan de dos salas habitualmente destinadas a reuniones y asambleas. De esta manera, la nave puede contener 800 personas. En el ala oeste hay otros locales con accesos distintos.
La liturgia luterana condujo a una disposición asimétrica del interior. El muro al que se halla adosado el púlpito es recto, mientras la pared longitudinal de enfrente forma tres curvas que obedecen a consideraciones acústicas.
Esta concepción asimétrica se halla asimismo en los alzados. Las ventanas de la pared longitudinal arqueada están dispuestas al biés y se acomodan a las líneas del techo, cuyo papel consiste también en devolver el sonido a la asamblea de fieles. Las condiciones de la acústica se estudiaron en las maquetas.

Vouksenniska is one of three churches in Imatra, a town with an industrial character which has had a determining influence on the church's appearance. The bell tower posed a special problem given that the area is dotted with chimneys. It had to create its effect through its form rather than its scale.
Apart from its religious function, the church was to be used for other purposes, as is often the case in industrial areas. This diversity of function is expressed in its external forms.
One of its spaces, containing the altar, the pulpit and the organ, has a capacity of 250. An atmosphere of seclusion and peace prevails. Weddings, funerals and other ceremonies are celebrated in this part of the church. The chapel can be made larger by removing the partitions which separate it from two areas normally used for meetings. In this way the nave can hold 800 people. In the west wing there are other areas with their own separate entrances. The Lutheran liturgy inspired an asymmetrical internal layout. The wall which the pulpit backs onto is straight, while the longitudinal wall opposite has three curves prompted by considerations of acoustics. The same asymmetrical conception is also found in the elevations. The windows of the arched longitudinal wall have a slightly skewed alignment, adapting to the lines of the roof, which also serves to reflect sound back to the congregation. The acoustics were researched in the models.

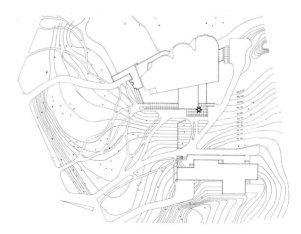

Plano de situación

Site plan

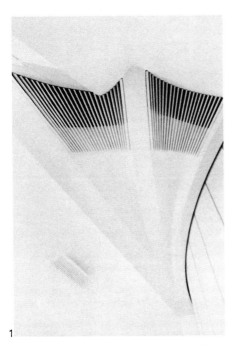

1 Ventilación y calefacción por el techo
2 Ventanas dispuestas oblicuamente por razones acústicas en los compartimentos de la iglesia
3 Órgano
4 Sección longitudinal con vista del órgano
5 Planta de la galería del órgano con la construcción del techo en línea de puntos
6 Plano de la planta baja

1 Ventilation and heating system in the roof
2 Obliquely arranged windows in the bays of the church responding to considerations of acoustics
3 Organ
4 Longitudinal section with view of the organ
5 Plan of the organ gallery showing the roof construction as a dotted line
6 Plan of the ground floor

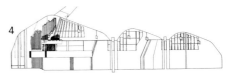

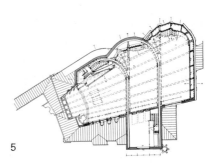

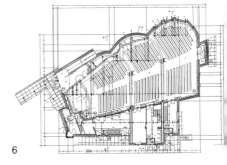

1 Exterior con los tres compartimentos
2 Vista del altar, el púlpito y el órgano
3 Una parte del esbozo del anteproyecto
4 Vista de conjunto. En primer plano, a la
  derecha, una parte de la curia; en segundo
  plano, a la izquierda, la salida y el porche
  para celebraciones fúnebres.

1 Exterior showing the three bays
2 View of the altar, the pulpit and the organ
3 Part of the sketch design
4 View of the complex. In the foreground, to the
  right, part of the vestry; to the rear, on the left, the
  exit and the porch for funeral services

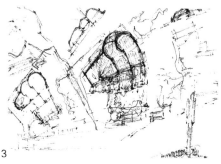

3

**Centro parroquial, Wolfsburg (Alemania)**
Proyecto 1959. Construcción 1960-1962

**Parish centre, Wolfsburg (Germany)**
Project 1959. Construction 1960-1962

El centro parroquial está situado en medio de las viviendas, cerca de una zona con mucha vegetación, en el punto más elevado de una gran avenida. Se subdivide en tres partes. La iglesia y el edificio que contiene las salas están agrupados alrededor de una plaza que se abre sobre la avenida, señalada por un campanario horadado. Un estrecho pasaje conduce a la zona verde.

The parish centre is set among the houses, close to an area with an abundance of vegetation, at the highest point of the main avenue. The building is in three parts. The church and the building containing the halls and meeting rooms are situated around a square which opens onto the avenue, marked by a perforated bell tower. A narrow passageway leads to the landscaped area.

1 Plano de situación
2-3 Vistas

1 Site plan
2-3 Views

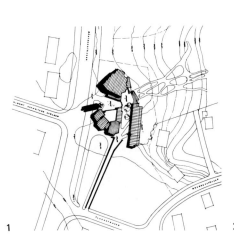
1

2

3

1 Iluminación cenital
2 Vista del altar sobre la nave
3 Sección longitudinal
4 Ventanas vistas desde el interior
5 Ventanas vistas desde el exterior

1 Rooflight
2 View of the altar at the top of the nave
3 Longitudinal section
4 Windows seen from the interior
5 Windows seen from the exterior

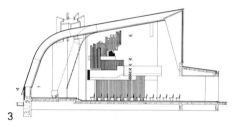

3

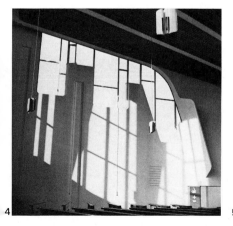

4

5

199

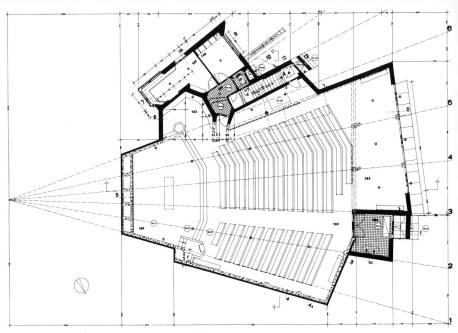

Plano y vista de la entrada secundaria al altar y al púlpito

Plan and view of the secondary access to the altar and the pulpit

**Iglesia, Detmerode (Alemania)**
Proyecto 1963. Construcción 1965-1968

La iglesia ofrece habitualmente doscientas cincuenta plazas, pero el espacio vacío, frecuente en las iglesias alemanas, puede ocuparse con otras sillas, con lo cual se consiguen alrededor de seiscientos asientos. El techo está formado por casquetes de madera de 250 cm de diámetro que cumplen la función de reforzar el sonido.
Bajo el coro hay una cripta.

**Church, Detmerode (Germany)**
Project 1963. Construction 1965-1968

The church usually seats two hundred and fifty people, but the empty space, a common feature of German churches, can accomodate extra seating to bring the capacity up to six hundred.
The roof is made up of an arrangement of wooden dishes 250 cm in diameter which serve to improve the acoustics.
There is a crypt below the choir stall.

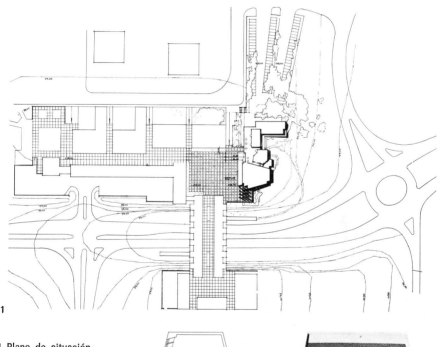

1

1 Plano de situación
2 Dibujo del techo con los casquetes de madera
3 Maqueta con los casquetes del techo

1 Site plan
2 Drawing of the roof with the wooden dishes
3 Model of the roof showing the dishes

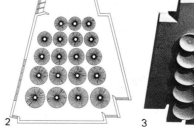

2

3

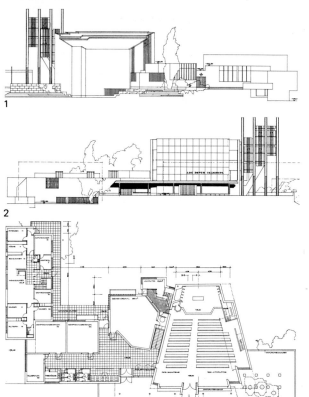

1

2

3

1 Fachada posterior
2 Porche
3 Plano de la planta baja
4 Campanario
5 Sección

1 Rear facade
2 Porch
3 Plan of the ground floor
4 Bell tower
5 Section

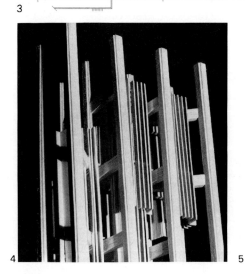

4

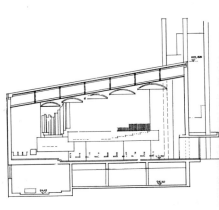

5

**Centro parroquial Riola, Bolonia (Italia)**
Proyecto 1966. En fase de ejecución

**Riola parish centre, Bologna (Italy)**
Project 1966. Under construction

El centro parroquial se encuentra en un antiguo camino que conducía a Bolonia. Por un lado está limitado por el Reno y por el otro por un viejo puente romano. La iglesia, mediante una arquitectura funcional adecuada, debía manifestar las nuevas tendencias de la liturgia. Se trataba de conseguir una estrecha relación entre el altar, el coro, los órganos y el baptisterio. La nave es asimétrica al igual que las jácenas y las bóvedas, dejando pasar la luz del día cuya intensidad es más fuerte en la zona del altar. No hay galerías y el coro se levanta sobre tres escalones. La iglesia puede abrirse por una puerta plegable hacia el atrio, permitiendo ampliar el lugar del culto.

The parish centre is situated beside an ancient road leading to Bologna. It is bounded on one side by the river Reno and on the other by an old Roman bridge. By means of an appropriately functional architecture, the church embodies the new tendencies in the liturgy. The altar, the choir, the organs and the baptistry have been closely interlinked with each other. The nave is asymmetrical, as are the girders and vaults, letting in the daylight, which is more intense in the area of the altar. There are no galleries, and the choir stall is set at the top of three steps. A folding door allows the church to open onto the vestibule, thus increasing its area.

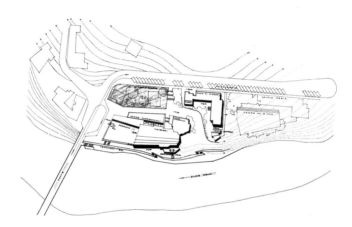

Plano de situación

Site plan

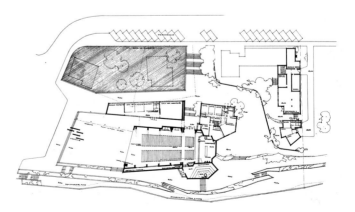

Plano general

General plan

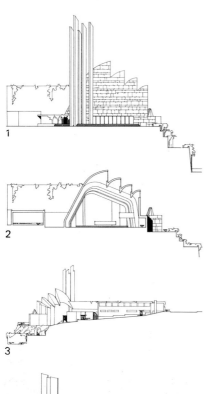

1

2

3

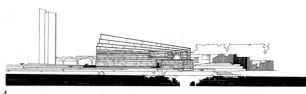

4

5

1 Fachada
2 Sección transversal
3 Fachada lateral
4 Fachada lateral, y
 muro de contención
5 Maqueta de la nave

1 Facade
2 Transverse section
3 Side facade
4 Side facade and
 retaining wall
5 Model of the nave

**Iglesia del centro parroquial, Riola, Bolonia (Italia)**
Proyecto 1966-1968. En construcción

El lugar de emplazamiento se halla frente al centro de la ciudad sobre el río Reno. El acceso a la iglesia se realiza a través de un puente. En 1966 se decidió contruir esta iglesia de acuerdo a la liturgia «reformada». La iglesia con la sacristía y la primera parte del edificio parroquial se inauguraron en junio de 1978.

**Church of the Riola parish centre, Bologna (Italy)**
Project 1966-1968. Under construction

The church is situated opposite the town centre, on the far side of the river Reno. The church is reached by way of a bridge. The decision to construct this church in accordance with the "reformed" liturgy was taken in 1966. The church, with the sacristy and the first part of the parish centre, was inaugurated in June 1978.

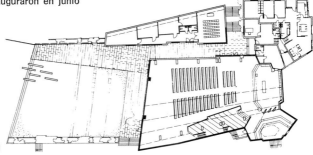

1

1 Planta
2 Detalle de la fachada
3 Fachada de acceso

1 Plan
2 Detail of the facade
3 Access facade

2

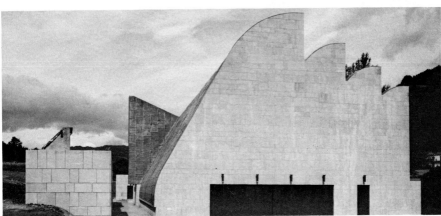

3

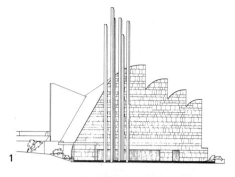

1 Fachada de acceso
2 Baptisterio
3 Nave
4 Detalle de la fachada
5 Coro

1 Access facade
2 Baptistry
3 Nave
4 Detail of the facade
5 Choir stall

**Casa del arquitecto, Helsinki**
Proyecto 1934. Construcción 1935-1936

En su origen fue concebida como casa privada con un estudio, pero ahora, después de la construcción del nuevo taller, sirve únicamente como vivienda privada. Materiales: estructura de tubos de acero rellenos de hormigón. Las paredes de las fachadas son de ladrillo pintado en blanco. Los tabiques de la casa son de madera. La terraza de la planta superior forma un jardín entre la vivienda y el estudio.

**The architect's house, Helsinki**
Project 1934. Construction 1935-1936

Originally conceived as a private house with a studio, it is now, since the construction of the new studio, used only as living accomodation. Materials: the structure is of steel reinforced concrete. The external walls are of white-painted brick. The internal partitions are of wood. The first floor terrace acts as a garden separating the living area from the studio.

Fachada del jardín

Facade onto the garden

1 Entrada
2 Planta baja
3 Terraza
4 Planta superior

1 Entrance
2 Ground floor
3 Terrace
4 Upper floor

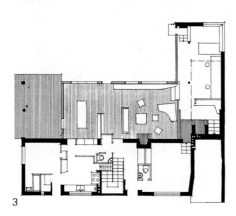

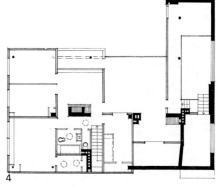

**Chalet Mairea**
Proyecto 1937-1938. Construcción 1938-1939

El chalet Mairea fue construido para una pareja de amigos, Maire y Harry Gullichsen. Está situado en un bosque de pinos, en la cima de una de las colinas de Finlandia occidental. En este paraje de un verde uniforme reina una gran calma. A través de los árboles, se abre un claro sobre un río. Un aserradero permanece como vestigio de la primitiva industria de este país nórdico.
La planta, en forma de herradura de caballo, se abre hacia el bosque, que está en segundo plano. La sauna con la piscina se encuentra en el lado opuesto de la gran sala de la planta baja.
Los parapetos de los balcones y algunas partes de las fachadas están revestidas de madera de teca; el ala de la sauna es de pino.

Plano de situación

**Chalet Mairea**
Project 1937-1938. Construction 1938-1939

The chalet Mairea was built for friends of the architect, Maire and Harry Gullichsen. It stands in a pine wood, on the crest of a hill in the west of Finland. In this uniformly green location a great sense of tranquility prevails. Through the' trees, a clearing opens out on a river. A sawmill provides a reminder of the primary industry of this Nordic country.
The horseshoe shape of the plan opens towards the wood in the background. The sauna and swimming pool are situated opposite the large living room on the ground floor.
The balustrades of the balconies and parts of the facade are clad in teak; the wing housing the sauna is of pine.

Site plan

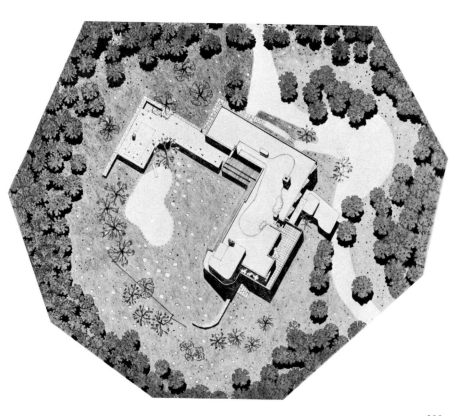

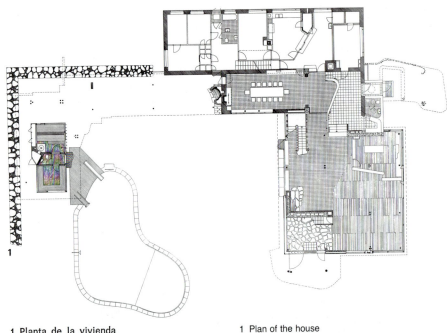

1 Planta de la vivienda
2 Vista general del sudoeste

1 Plan of the house
2 General view from the south-east

1 Vista del sur
2 Entrada principal

1 View from the south
2 Main entrance

1 Detalle de la fachada
2 Vista de la entrada hacia el hall
3 Primera planta
4 Rincón del estar

1 Detail of the facade
2 View from the entrance to the hall
3 First floor
4 Corner of the living room

1 Chimenea del hall
2 Vista de la sauna desde el hall
3 Piscina y sauna

1 Hall fireplace
2 View of the sauna from the hall
3 Swimming pool and sauna

1 Piscina y sauna
2 Cerramiento de la sauna

1 Swimming pool and sauna
2 Enclosure of the sauna

## Casa de verano, Muuratsalo

La casa de verano de Muuratsalo (1953) no es sólo un lugar para vivir y trabajar, sino también una casa piloto. Está situada en la región de los lagos de Finlandia del norte medio. Existen dos alas perpendiculares; una de ellas agrupa las habitaciones de estar, la otra los dormitorios. Estas dos alas y los dos otros lados, cerrados por muros bastante altos, forman un patio cuadrado. Los muros están divididos en cincuenta paneles, más o menos, sobre los cuales se insertan ladrillos y placas de cerámica de dimensiones variadas, unidas de diversa manera para estudiar los efectos y las propiedades de los distintos materiales.

## Summer house, Muuratsalo

The summer house at Muuratsalo (1953) is not only a place for living and working in, it is also a research station. It is situated in the region of lakes in north central Finland. It consist of two perpendicular wings; one contains the living areas, the other the bedrooms. These two wings and the other two sides, which are closed by fairly high walls, form a square patio. The walls are divided into about fifty panels, which have been covered in bricks and ceramic tiles of assorted dimension, arranged in a variety of ways to study the effects and the properties of the different materials.

Vista desde el embarcadero

View from the boat landing

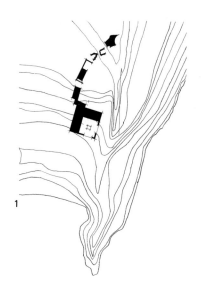

1

2

1 Plano de situación
2 Planta
3 Patio

1 Site plan
2 Plan
3 Patio

3

1-2 Detalles de la fachada del patio interior

1-2 Details of the facade of the internal patio

**Embarcación a motor para Muuratsalo**
Proyecto y ejecución 1954-1955

**Motor boat for Muuratsalo**
Project and construction 1954-1955

Esta embarcación era necesaria para acceder a la casa de verano de Muuratsalo. Esta fue la ocasión de proyectar una embarcación experimental. El trabajo se realizó en colaboración con ingenieros navales. La forma de la embarcación permite atracar sin dificultad en las aguas poco profundas del lago, al tiempo que le otorga mayor velocidad. Además de un medio de transporte, la embarcación debía ser «un lugar de esparcimiento» agradable.

This motor boat was necessary in order to reach the summer house at Muuratsalo. It provided the opportunity to design an experimental craft. The work was carried out in collabortation with naval engineers. The boat's form allows it to come alongside and tie up in the rather shallow waters of the lake without difficulty, at the same time as improving its performance in terms of speed. As well as a means of transport, the boat should be a pleasant "recreation facility".

1 Sección longitudinal y planta
2 Vista de la embarcación

1 Longitudinal section and plan
2 View of the boat

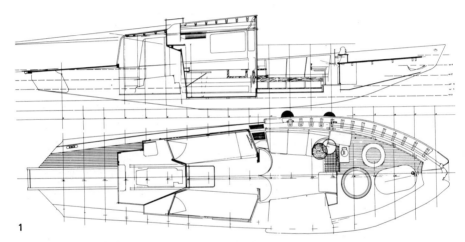

1

2

**Casa Louis Carré, Bazoches-sur-Guyonne (Francia)**
Construcción 1956-1959

Esta casa fue construida para el conocido marchante de cuadros Louis Carré. Se trataba de combinar la vivienda y la galería de arte sin que reinara una atmósfera de exposición. La arquitectura se inserta perfectamente en el paisaje, cuya nota dominante es una colina cubierta de boscaje. El propietario confió al arquitecto todos los detalles del mobiliario, iluminación, tapizados, etc. La organización del jardín fue asimismo concebida por el arquitecto. Las habitaciones están iluminadas alternativamente por la fachada y por claraboyas; en consecuencia, su altura varía. Cada habitación da a un patio particular. Los baños tienen acceso desde terrazas recoletas, donde se puede holgar libremente. La casa está situada en la cumbre de la colina; desde la carretera de acceso que serpentea por la ladera se observa una vista variada al infinito, sobre el bello paisaje y el bosque de robles.

1 Croquis de la fachada del estar
2 Plano de situación
3 Planta principal. A la derecha, el estar; al centro, la entrada; a la izquierda, comedor y servicios anexos; arriba, los dormitorios

**Louis Carré house, Bazoches-sur-Guyonne (France)**
Construction 1956-1959

This house was built for the well-known art dealer Louis Carré. The object was to combine a dwelling place and an art gallery and yet avoid creating the effect of an exhibition. The architecture is perfectly at home in the landscape, whose dominant feature is a wooded hill. The client gave the architect complete freedom in the choice of furniture, lighting, carpeting, etc.
The garden too was laid out by the architect. The rooms are alternatively illuminated by windows in the facade and by skylights; their height varies accordingly.
Each bedroom gives onto its own patio. The bathrooms are reached by way of sheltered terraces which contribute to the unhurried, leisurely atmosphere. The house is situated on the crest of a hill; the view from the access road which snakes round the hillside of the beautiful countryside and the oak wood is infinitely varied.

1 Sketch of the living room facade
2 Site plan
3 Plan. To the right, the living room; in the centre, the entrance; to the left, the dining room and service area; above, the bedrooms

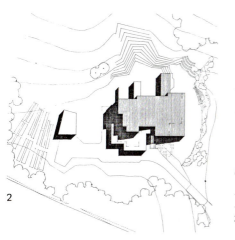

1

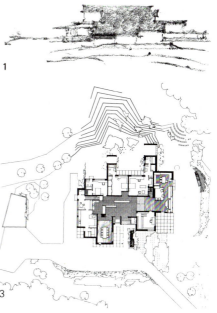

2

3

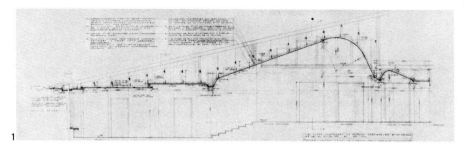

1

1 Plano de realización del techo en el vestíbulo
  y en la vivienda
2 Vestíbulo con vista hacia la vivienda
3 Lámpara
4 Estar con chimenea
5 Comedor

1 Plan of the roof construction in the hall
  and the main part of the house
2 Hall and view towards the main part of the house
3 Lamp
4 Living room and fireplace
5 Dining room

2

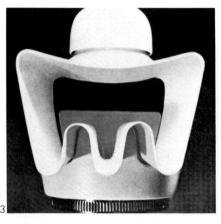

3

4

5

1

1 Boceto
2 Entrada de la fachada occidental con el
  ventanal del vestíbulo. Fachadas de
  ladrillo aparente pintadas de blanco, plintos
  en travertino gris, cubiertas de cobre y
  mármol de gran formato
3 Dormitorios
4 Habitaciones de invitados
5 Fachada sur del estar
6 Pilar del porche de la vivienda

1 Sketch
2 Entrance to the west facade with the large hall
  window. The facings are of exposed white-painted
  brick, the plinths of grey travertine and the roofs of
  copper and large slabs of marble
3 Bedrooms
4 Guest rooms
5 South facade of the living room
6 Pillar supporting the hall roof

2

3

6

4

5

**Casa Kokkonen, Järvenpää**
Proyecto 1966-1967. Ejecución 1967-1969

**Kokkonen house, Järvenpää**
Project 1966-1967. Construction 1967-1969

El lugar de emplazamiento es una zona boscosa. La casa debía funcionar como vivienda y como lugar de trabajo, por ser el propietario músico y compositor. La zona de trabajo está separada de la zona de estar, con lo que se garantiza la aislación acústica.
Debido a la necesidad de comunicar el estar con la sala de música mediante una gran abertura se empleó una pared corredera del lado de la sala de música y una pared plegable del lado del estar. Esta solución brinda la aislación acústica requerida cuando ambas puertas están cerradas.

The setting for this house is a wooded area. The house is expected to function as dwelling and as workplace, the owner being a musician and composer. The work area is separate from the living area, ensuring its acoustic insulation
Given the need for a wide opening to communicate the living room with the music room yet retain acoustic insulation, a sliding wall in the music room and a folding partition on the living room side provide the required degree of access when open and insulation when closed.

1 Plano de situación
2-3 Fachada hacia el jardín

1 Site plan
2-3 Facade onto the garden

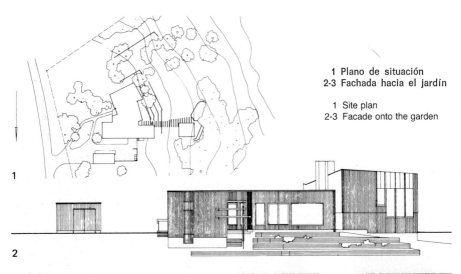

1

2

3

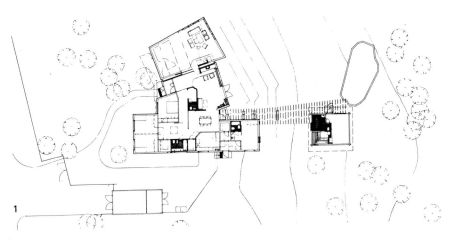

1 Planta
2 Vista de la sala de música hacia el estar

1 Plan
2 View from the music room towards the living room

223

**Casa Schildt, Tammisaari**
Proyecto 1968. Ejecución 1969-1970

**Schildt house, Tammisaari**
Project 1968. Construction 1969-1970

Está ubicada en un parque en las proximidades del centro urbano. Fue diseñada de acuerdo a las necesidades de una familia pequeña y sirve a la vez como vivienda y lugar de trabajo. El estar está sobreelevado para garantizar las visuales hacia la bahía marítima. La cubierta de madera unifica el estar con la zona de la entrada. El dormitorio y el lugar de trabajo están orientados hacia el jardín interior. La sauna y la habitación para huéspedes están separadas del edificio principal.

The house is set in a park in the vicinity of the town centre. It has been designed to meet the needs of a small family and serve as a place for working as well as living in. The living room is raised up to give it a view out over the bay. The wooden roof unites the living room and the entrance area. The bedroom and the work area are oriented towards the interior garden. The sauna and the guest bedroom are separate from the main building.

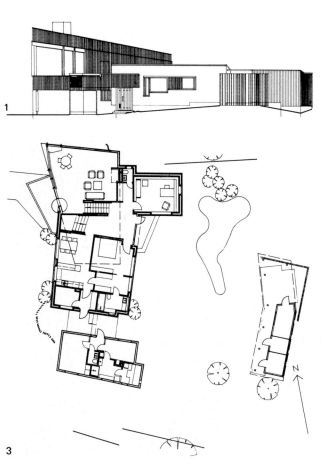

1

2

3

1 Fachada de acceso
2 Boceto
3 Planta

1 Access facade
2 Sketch
3 Plan

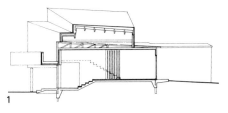

1

2

1 Sección
2-3 Estar
4 Fachada de acceso

1 Section
2-3 Living room
4 Access facade

3

# Ciudades residenciales y torres de viviendas

# Housing developments and apartment blocks

## Viviendas de la fábrica de celulosa, Sunila
Proyecto 1935-1937. Construcción 1936-1939

El terreno es bastante accidentado, cubierto de rocas y de colinas entrecortadas por cañadas. La idea central partía de la siguiente premisa: las vertientes orientadas al sur se reservaban para las viviendas; las cañadas para la circulación y los jardines; las vertientes norte conservarían la vegetación intacta. Los trabajos se realizaron en cinco etapas.

1 Plano de situación
2 Planta de un apartamento
3 Casas de obreros desprovistas de balcones

## Housing for the cellulose factory, Sunila
Project 1935-1937. Construction 1936-1939

The terrain is fairly rough, covered with rocks and cut through by gullies. The basic idea for the project was developed from the premise that the south-facing slopes could be reserved for the houses, the gullies for circulation and gardens and the north-facing slopes for the natural vegetation conserved intact. The work was carried out in five stages.

1 Site plan
2 Plan of an apartment
3 Workers' houses without balconies

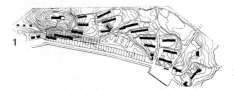

Los equipamentos constituyen un verdadero urbanismo subterráneo. Comprenden calefacción a distancia, cloacas y canalizaciones de agua fría o caliente. La calefacción a distancia está dividida en tres sectores. Se evitó la centralización rígida, a pesar de que debieron respetarse infinidad de consideraciones diversas y demasiadas exigencias particulares. Cada núcleo de viviendas tiene su carácter propio. Las experiencias adquiridas en la construcción de un edificio sirvieron para mejorar el siguiente.

The infrastructure amounted to a system of underground urban design, comprising centralised heating for the whole development, drains and piped hot and cold water. The remote heating system is divided into three sections. Unduly rigid centralization was avoided despite the endless number of different needs and demands to be taken into consideration. Each group of houses has its own particular character.
The experience gained in the construction of one building served to make the next one better.

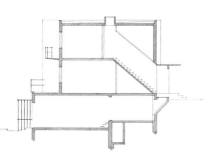

1

1 Sección
2 Una casa de obreros y empleados
3 Planta
4 Casas en serie para empleados superiores, separadas y rodeadas de jardines en abanico. Atmósfera de intimidad

2

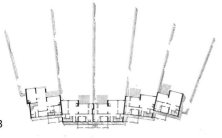

3

1 Section
2 A house for manual and clerical workers
3 Plan
4 A series of houses for higher-grade staff, detached and surrounded by gardens in a fan formation, with an atmosphere of privacy

4

1 Casas para empleados. Tres casas forman un grupo alimentado por una calefacción común
2 Planta de un apartamento
3 Casas con grandes balcones
4 Planta de un apartamento
5 Casas en serie: cada unidad comprende tres viviendas con entradas separadas y sin escaleras dado que se utiliza la pendiente
6 Una casa de obreros y empleados

1 Blocks of houses for clerical staff. Each group of three blocks is served by a common heating system
2 Plan of an apartment
3 Houses with large balconies
4 Plan of an apartment
5 Terraced houses: each unit consists of three apartments, each with its own entrance. The utilization of the gradient made stairs unnecesary
6 A house for manual and clerical workers

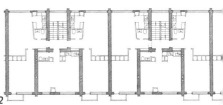

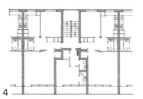

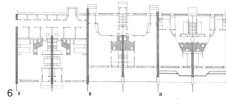

**Ciudad residencial, Kauttua**
Proyecto 1937. Construcción 1938-1940

En esta obra se presentó la ocasión de continuar las experiencias adquiridas en las viviendas de Sunila. La topografía —altas morenas cubiertas de bosques de pinos— ofrecía un interesante emplazamiento para viviendas. La disposición de las casas se escalona adaptándose a las pendientes, preferentemente en aquellas orientadas al sur. El desnivel es tal que fue posible crear terrazas superpuestas, de manera que cada apartamento está asomado al bosque. Estas casas se concibieron sin escaleras, aunque existen cuatro pisos sobre el suelo. Incluso el acceso al sótano está desprovisto de escaleras, puesto que éste se encuentra bajo la colina, a nivel de la planta baja. El techo del apartamento inferior forma la terraza del apartamento superior. A veces nos reímos de las ciudades de Oriente que no tienen alcantarillado y donde los perros y los gatos, como en la antigua Bizancio, se encargan de limpiar las calles de basura. Pero al observar nuestras grandes ciudades, comprobamos que ninguna de ellas

**Housing development, Kauttua**
Project 1937. Construction 1938-1940

This project offered an opportunity to develop on the experience gained in the housing at Sunila. The topography —high moraines covered in pine forest— provided an interesting setting for houses. The arrangement of the buildings is stepped to conform to the slopes, using mostly the south-facing ones. The gradient is such that it was possible to create a series of superimposed terraces, so that every apartment looks directly out on the forest. The houses were designed not to need stairs, even though they are four storeys high. Even the basement entrance does without a stairway, located as it is at the foot of the hill, on the ground floor level. The roof of the apartment below forms the terrace of the apartment above. People in the west sometimes laugh at Oriental cities and their lack of drainage, where the cats and dogs clear the streets of rubbish, as in ancient Byzantium. However, when we look at the great cities of the west, we see that none of them has resolved the problems posed by modern life. The streets are overrun by vehicles which poison our environment and we have still to find a way to bring about the conditions necessary for the purification of the atmosphere. Multiplying the

Plan de conjunto
Site plan

ha resuelto los problemas planteados por la vida moderna. Los motores invaden las calles y polucionan el ambiente y todavía no se ha encontrado el medio de crear las condiciones necesarias para la depuración de la atmósfera. No sirve de mucho multiplicar los hospitales para curar el cáncer y el reumatismo cuando el único remedio para curar estas enfermedades endémicas sería planificar un urbanismo racional que evitara al hombre trabajar y vivir en el aire viciado producto del tráfico moderno.

number of hospitals to treat cancer and rheumatism does very little good when the only remedy for these endemic illnesses would be a rational approach to urban design which would free people from having to live and work in air fouled by modern traffic.

1 Axonometric perspective
2 Section of the house
3 Entrance facade
4 South facade

1 Perspectiva axonométrica
2 Sección de la casa
3 Fachada de la entrada
4 Fachada sur

**Edificio de alquiler en el barrio de la Hansa, Berlín**
Proyecto y construcción 1955-1957
Este tipo de casa, con sus múltiples viviendas, obliga a una relación constante entre sus ocupantes y no pretende conseguir la misma intimidad que la vivienda unifamiliar. Sin embargo, ésta, situada a veces en un jardincillo sin patios interiores, tiene inconvenientes que no afectan a las casas de alquiler. Por ello se intenta reunir las ventajas de la casa de alquiler con las de la casa unifamiliar. En el edificio de viviendas de alquiler construido como un modelo del tipo del de la exposición de la Interbau, en el barrio de la Hansa, se consiguió una solución ideal. Los estrechos balcones habituales se ampliaron y forman un gran espacio alrededor del cual se agrupan algunas habitaciones. Esto crea una atmósfera de intimidad, al tiempo que aporta ventajas prácticas.

Fachada sur

**Block of rented apartments in the Hansa district of Berlin**
Project and construction 1955-1957
This type of block, housing a large number of families, imposes a constant relationship on the occupants, and does not seek to achieve the privacy possible in a detached single-family house. The latter, however, often set in a little garden with no internal patio, has drawbacks which are not found in rented apartments. Therefore it was decided to try to combine the advantages of the apartment block with those of the single-family house. An ideal solution was reached in this rented apartment building constructed as a typological model of its kind for the Interbau exposition in the Hansa district. The usual narrow balconies are widened to form a large space around which a number of rooms are grouped. This creates an intimate atmosphere as well as having practical advantages.

South facade

231

1 Pintura del techo del vestíbulo
2 Apartamento equipado con muebles Artek
3 Interior del vestíbulo a modo de patio cubierto para los inquilinos
4 Vista del comedor hacia el estar y la galería

1 Painting on the roof of the entrance hall
2 Apartment with Artek forniture
3 Interior of the entrance hall which serves as a roofed patio for the tenants
4 View from the dining room through to the living room and gallery

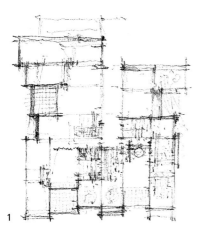

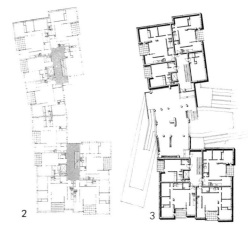

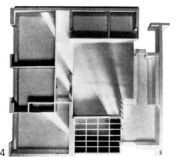

1 Croquis
2 Plano de las viviendas
3 Planta del vestíbulo común
4 Vivienda tipo del conjunto
5 Vista exterior
6 Fachada este y fachada de la entrada

1 Sketch
2 Plan of the apartment block
3 Plan of the common entrance hall
4 Typical apartment
5 Exterior view
6 East facade and entrance facade

6

**Torre de viviendas «Neue Vahr», Bremen (Alemania)**
Proyecto 1958. Construcción 1959-1962

**"Neue Vahr" apartment block, Bremen (Germany)**
Project 1958. Construction 1959-1962

El plan fue concebido de manera que los alojamientos de una sola habitación, frecuentemente rectangulares y bastante estrechos, se ensanchen hacia la fachada, obteniendo así la sensación de espacio. Una batería de ascensores surte toda la casa, lo cual reduce la separación de los numerosos apartamentos.

The paln was thought out in such a way that the one bedroom flats, normally rectangular and rather narrow, widen out towards the facade, thus creating a sense of spacionsness. A battery of lifts serves the building, which reduces the separation of the many apartments.

1 Plano de situación
2 Fachada oeste

1 Site plan
2 West facade

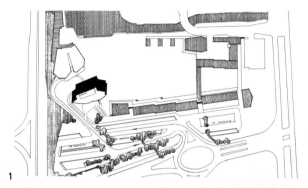

1

2

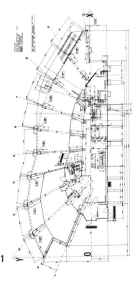

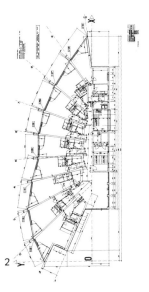

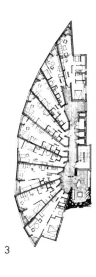

1

2

3

1 Plano de la planta baja
2 Planta tipo
3 Anteproyecto de una planta tipo
4 Fachada sur
5 Detalle de la fachada

1 Plan of the ground floor
2 Typical plan
3 Preliminary design of a typical plan
4 South facade
5 Detail of the facade

4

5

**Edificios de viviendas, Tapiola, Espoo**
Proyecto 1961. Ejecución 1962-1964

Este conjunto habitacional, compuesto por siete edificios, se encuentra en la ciudad piloto de Tapiola, al oeste de Helsinki. Un grupo de arquitectos debía establecer los lineamientos básicos de las viviendas del futuro.
Este proyecto desarrolla las ideas esbozadas en las viviendas tipo del conjunto habitacional de Nynäshamn, en 1946.

**Apartment blocks, Tapiola, Espoo**
Project 1961. Construction 1962-1964

This residential complex, consisting of seven blocks, is located in the satellite development of Tapiola, to the west of Helsinki. A team of architects was commissioned to draw up the outlines of the housing of the future.
This project develops the ideas sketched out in the housing type in the Nynäsham residential complex in 1946.

2

1 Plano de situación
2 Viviendas

1 Site plan
2 Apartment

1

236

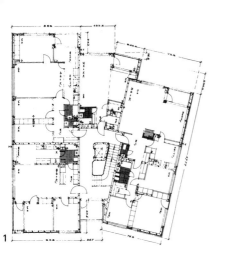

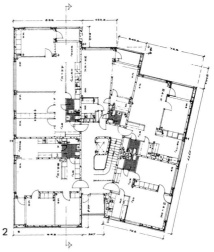

1-2 Plantas
3-4 Vistas desde el exterior

1-2 Plans
3-4 Exterior views

**Conjunto habitacional Gammelbacka, Porvoo**
Proyecto 1966

El terreno ondulado de emplazamiento se halla en las afueras de la ciudad, en las proximidades de una nueva zona industrial. A pesar de las limitaciones de los programas de viviendas subvencionadas, este conjunto debía ser construido con un sistema de prefabricación. «... La prefabricación sólo tiene sentido si permite mejorar los costes de una mayor variedad de viviendas cuando los métodos tradicionales no lo hagan posible...». Los grupos habitacionales son unidades independientes entre sí. La circulación peatonal está diferenciada de la vehicular.

**Gammelbacka housing development, Porvoo**
Project 1966

The site is on undulating terrain on the outskirts of the city, near a new industrial estate. Despite the restrictions usual in the brief for subsidized housing, this complex was to be built using a system of prefabrication. "... Prefabrication only makes sense if it allows a reduction in cost of a greater variety of housing when this is not possible using traditional methods..." Each residential complex is a unit independent of the others. Pedestrian and vehicular traffic are separated.

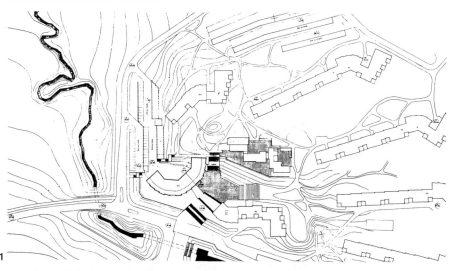

1

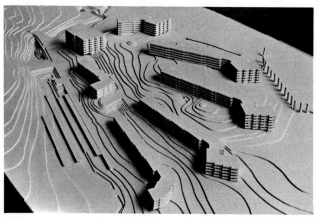

2

1 Unidad de vivienda
2 Maqueta
3 Planta de conjunto
4 Maqueta
5-8 Plantas tipo

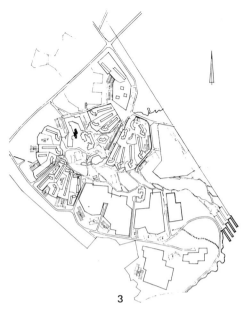

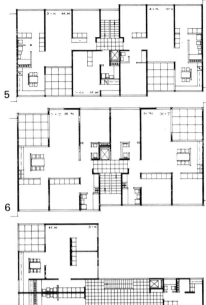

3

1 Residential unit
2 Model
3 Plan of the housing development
4 Model
5-8 Typical plans

4

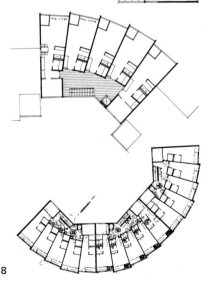

8

**Torre de viviendas «Schönbühl», Lucerna (Suiza)**
Proyecto 1965. Construcción 1966-1968

Este edificio constituye un paso más en la línea de la Torre «Neue Vahr», de Bremen. La diferencia reside en la tentativa de realizar apartamentos de más de dos habitaciones en una planta en forma de abanico. Por cuestiones de rendimiento, cada planta contiene el mayor número posible de apartamentos, surtidos

**"Schönbühl" apartment block, Lucerne (Switzerland)**
Project 1965. Construction 1966-1968

This building represents another step in the same line as the "Neue Varhr" block in Bremen. The difference is in the attempt to construct apartments of more than two bedrooms on the fan-shaped plan. For commercial reasons, each floor has the maximum possible number of apartments, served by a single staircase and a sigle set of lifts, distributed

1  2  3  4

1 Plano de la planta baja. Restaurante, bar y cocina, apartamento tipo chalet, entrada y vestíbulo con jardín y entrada a los estudios, lavandería y apartamento del portero
2 Planta tipo
3 14.ª planta
4 Ático. Apartamento de 9 habitaciones con una gran terraza
5 Vista de las fachadas oeste y este. A la izquierda, el pasaje hacia el centro comercial

1 Plan of the ground floor. Restaurant, bar and kitchen, chalet style apartment, entrance and entrance hall with garden, entrance to the offices, laundry and caretaker's apartment
2 Typical floor
3 14th floor
4 Penthouse. Nine room apartments with large terrace
5 View of the west and east facades. To the left, the passage leading to the commercial centre

5

por una sola caja de escaleras y un solo grupo de ascensores, repartidos alrededor del pasillo y de los servicios, intencionalmente reducidos al máximo. De esta disposición ha resultado una planta en abanico cuya ventaja reside en el hecho de que los apartamentos interfieren entre sí lo menos posible.

around the corridor and close to the services, which have been reduced to the minimum. This arrangement has resulted in a plan in the form of a fan, which has the advantage of resulting in the least possible interference between apartments.

1 Maqueta del centro comercial
2 Restaurante
3 Fachadas oeste y norte; vista del aparcamiento del centro comercial con la entrada a la torre. En el centro, chimeneas de calefacción central del barrio, escalera de socorro y balcones de servicio
4 Apartamento amueblado con muebles Artek

1 Model of the commercial centre
2 Restaurant
3 West and north facades; view from the car park of the commercial centre with the entrance to the tower block. In the centre, the chimneys of the neighbourhood central heating system, the emergency stairs and the service balconies
4 Apartment with Artek furniture

**Conjunto habitacional y restaurante sobre el lago «Schönbühl», Lucerna (Suiza)**
Proyecto 1969

El terreno de emplazamiento se halla en las proximidades de las torres de viviendas construidas entre 1965 y 1967, junto a la orilla del lago de los Cuatro Cantones. El proyecto está compuesto por tres partes: un restaurante junto al lago, un edificio de varios pisos con viviendas de gran superficie para alquilar y diversos edificios de viviendas en hilera. La orilla del lago está abierta al público pudiendo utilizarse para la realización de fiestas locales. También hay una playa para los usuarios.

**"Schönbühl" lakeside housing development and restaurant, Lucerne (Switzerland)**
Project 1969

The site is close to the apartment blocks built between 1965 and 1967, by the shore of the Four Cantons lake.
The project is composed of three parts: a restaurant beside the lake, a multi-storey residential block of spacious rented apartments and a number of apartment buildings in a row. The lakeside is accessible to the public and can be used for parties and festivities. There is also a public beach.

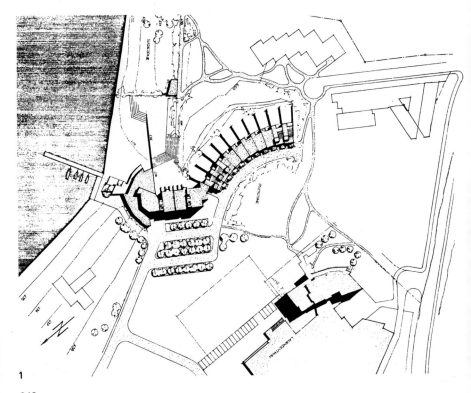

1

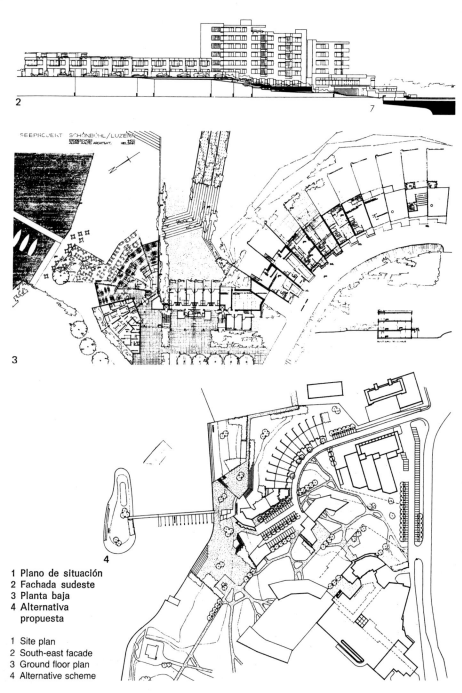

2

7

3

4

1 Plano de situación
2 Fachada sudeste
3 Planta baja
4 Alternativa
  propuesta

1 Site plan
2 South-east facade
3 Ground floor plan
4 Alternative scheme

## Muebles y lámparas

«Al buscar soluciones prácticas y estéticas en arquitectura, no siempre es posible ceñirse a consideraciones racionales y

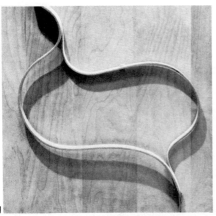

1-3 Madera curvada/Curved wood

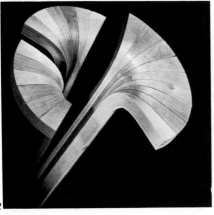

## Furniture and lamps

"In seeking practical and aesthetic solutions in architecture, it is not always possible, indeed it is not usual, to limit oneself to rational and technical considerations. The imagination should have free rein. The majority of my essays in wood were done without a precise end in mind but simply for fun; in some cases, even ten years later they still had no practical application.

The first attempts had a tendency to make certain kinds of curves with assemblages of wood laminas.

I always wanted to create forms in wood whose lines would free themselves from their habitual aspect and

técnicas, incluso no es frecuente. La imaginación debe tener el campo libre. La mayoría de mis ensayos en madera los hice sin un fin preciso, como diversión; en algunos casos, hasta diez años más tarde no han tenido una aplicación práctica. Las primeras experiencias tendían a curvar en cierto sentido ensamblajes de chapas. Siempre deseé crear formas en madera cuyas líneas se liberaran de su aspecto habitual y condujeran a determinar volúmenes nuevos. Los primeros intentos de crear volúmenes nuevos con madera, sin recurrir a la escultura, desembocaron en soluciones trianguladas teniendo en cuenta la dirección de las fibras.»

A. A.

lead to the definition of new volumes. The first attempts at creating new volumes in wood, without resorting to carving, resulted in triangulate forms, taking into account the direction of the fibres." A.A.

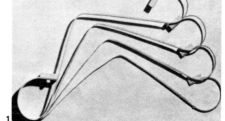

Ensayos en madera curvada (1-2)

Essays in curved wood (1-2)

1

2

1-6 Lámparas y jarrón de vidrio

1-6 Lamps and glass vase

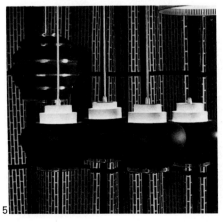

Los primeros modelos de muebles ligeros en madera fueron creados para el sanatorio de Paimio, no para combatir la frialdad de los muebles en tubo de acero, sino para adoptar una materia que convenga más al cuerpo. Una carpintería de la región abrió un taller de pruebas cuyos primeros tipos eran de madera curvada y comprimida. Se trataba de conseguir asientos lavables y limpios que poseyeran la calidad de la elasticidad de los resortes. En la primera serie se utilizó todavía el tubo de acero, aunque sin contacto con el cuerpo; más tarde sólo se empleó madera curvada. Uno de los primeros ensayos para obtener madera elástica, consistió en doblarla de tal manera que con el esfuerzo cada curva tenía tendencia a encogerse, comprimiendo las chapas pegadas. La madera, que era de abedul, no estaba comprimida al vapor como de costumbre, sino que se había tratado explotando las cualidades naturales de la madera verde.

The first models of light wooden forniture were created for the Palmio sanatorium, not in opposition to the coldness of tubular steel furniture but as the selection of a material more adapted to the human body. A carpenter in the area opened a test workshop whose first examples were of curved and pressed wood. What was wanted was a tidy, washable chair which would have the elasticity of a spring. The first series continued to use tubular steel, although not in contact with the body; later curved wood alone was used. One of the first attempts at obtaining elasticity in the wood consisted of folding it in such a way that the curve tended to contract under the force, compressing the glued laminas. The wood, in this case birch, was not steam-pressed in the usual way, but treated so as to exploit the natural characteristics of the new wood.

Modelos de silla (3-4-5)

Types of chair (3-4-5)

3

4

5

# Lista de obras 1918-1976

| | |
|---|---|
| 1918 | Casa de los padres del arquitecto en Alajärvi ,transformación |
| 1918 | Campanario en Kauhajärvi |
| 1921-22 | Edificio para organizaciones patrióticas en Seinäjoki |
| 1922 | Exposición industrial en Tampere |
| 1922-23 | Casa de dos apartamentos en Jyväskylä |
| 1923 | Casa de los obreros en Jyväskylä, concurso, 1.er premio |
| 1923-24 | Edificio de alquiler en Jyväskylä |
| 1923-25 | Casa de los obreros en Jyväskylä |
| 1924 | Iglesia de Aeänekoski, restauración |
| 1924 | Iglesia Anttola, restauración |
| 1925 | Despacho en Jyväskylä |
| 1925 | Edificio de organizaciones patrióticas, concurso, 2.° premio |
| 1925 | Iglesia de Jämsä, concurso |
| 1925 | Iglesia de Viitasaari, transformación |
| 1926-29 | Iglesia de Muurame |
| 1927 | Iglesia de Töölö en Helsinki, concurso |
| 1927 | Iglesia de Viinikka en Tampere, concurso, 2.° premio |
| 1927 | Iglesia de Pylkönmäki, restauración y campanario |
| 1927 | Biblioteca municipal en Viipuri, concurso, 1.er premio |
| 1927-28 | Edificio de alquiler Standart en Turku |
| 1927-29 | Edificio de la cooperativa agrícola y teatro finés, Turku* |
| 1927-29 | Edificio de las organizaciones patrióticas en Jyväskylä |
| 1927-29 | Edificio del periódico Turun Sanomat en Turku* |
| 1928 | Sanatorio antituberculoso en Paimio, concurso, 1.er premio |
| 1928 | Casas de verano Aitta, concurso, 1.er premio |
| 1928 | Iglesia de Korpilahti, restauración |
| 1929 | Iglesia de Kemijärvi, restauración |
| 1929 | Exposición del 7.° centenario de Turku* |
| 1929-33 | Sanatorio antituberculoso en Paimio* |
| 1930 | Instituto de educación física en Vierumäki, concurso, 3.er premio |
| 1930 | Iglesia de Michele Agricola en Helsinki, concurso |
| 1930 | Estadio y centro deportivo, Helsinki, concurso |
| 1930 | Hospital universitario en Zagreb, Yugoslavia, concurso |
| 1930-31 | Fábrica de celulosa en Topila, Oulu |
| 1930-35 | Biblioteca municipal, Viipuri, destruida en 1943* |
| 1932 | Estadio de Helsinki, concurso |
| 1932 | Vivienda unifamiliar prefabricada, concurso |
| 1932 | Casa de fin de semana Enso-Gutzeit, concurso |
| 1933 | Viviendas del personal de Paimio* |
| 1933 | Viviendas en serie de los médicos del sanatorio de Paimio* |
| 1933 | Plan de saneamiento para Norrmalm, Estocolmo, Suecia, concurso |
| 1934 | Estación de Tampere, concurso |
| 1934 | Ciudad residencial Stenius en Munkkiniemi |
| 1934 | Pabellón de exposición en Helsinki, concurso, 3.er premio |
| 1934-36 | Despacho del arquitecto en Munkkiniemi* |
| 1935 | Pabellón finlandés en la exposición universal de París, concurso, 1.° y 2.° premio |
| 1935-39 | Fábrica de celulosa en Sunila, 1.ª etapa de la construcción* |
| 1936 | Museo de arte de Tallinn, Estonia, concurso |
| 1936-37 | Pabellón finlandés en la exposición universal de París* |
| 1937 | Restaurante Savoy en Helsinki |
| 1937 | Ciudad residencial en Kattua, concurso |
| 1937 | Banco nórdico en Karhula |
| 1937 | Pabellón finlandés en la Exposición Universal de Nueva York, concurso, 1.°, 2.° y 3.er premio |
| 1937-38 | Casa del director en Sunila |

| | |
|---|---|
| 1937-38 | Viviendas de dos plantas en Sunila* |
| 1937-38 | Viviendas de dos plantas en Sunila, 1.er grupo* |
| 1937-38 | Viviendas de dos plantas en Sunila, 2.º grupo* |
| 1937-39 | Chalet «Mairea» en Noormarkku* |
| 1937-40 | Viviendas en terrazas en Kauttua* |
| 1938 | Pabellón de economía forestal en la exposición de agricultura de Lapua |
| 1938 | Estudio Blomberg en Westend, Helsinki, concurso |
| 1938 | Ampliación de la biblioteca universitaria de Helsinki, concurso, 2.º premio |
| 1938 | Fábrica de papel Anjala en Inkeroinen |
| 1938-39 | Viviendas de tres plantas en Sunila, 1.er grupo* |
| 1938-39 | Pabellón finlandés en la Exposición Universal de Nueva York* |
| 1938-39 | Viviendas de tres plantas en Sunila, 2.º grupo* |
| 1938-39 | Escuela primaria en Inkeroinen |
| 1938-39 | Edificios de alquiler Anjala en Inkeroinen, 1.er grupo |
| 1938-39 | Viviendas Anjala en Inkeroinen, 2.º grupo |
| 1938-39 | Viviendas de los ingenieros Anjala, Inkeroinen |
| 1939-45 | Edificios de alquiler Ahlström en Karhula |
| 1940 | Ciudad residencial Haka, Helsinki, concurso |
| 1940 | Plan de circulación y equipamiento de la plaza Erottaja en Helsinki, concurso, 1.er premio |
| 1941 | Plan de una ciudad experimental |
| 1941-42 | Equipamento del valle de Kokemäki |
| 1942-46 | Proyecto de urbanización para Säynätsalo |
| 1942-43 | Dormitorio de mujeres, Kauttua |
| 1943 | Centro urbano de Oulu, concurso |
| 1943 | Central hidroeléctrica en Merikoski, Oulu, concurso |
| 1944 | Centro urbano de Avesta, Suecia, concurso |
| 1944 | Ciudad residencial Strömberg en Vaasa |
| 1944 | Extensión de la fábrica en Kauttua |
| 1944-45 | Proyecto de urbanización para Rovaniemi |
| 1944-45 | Taller mecánico Ahlström en Karhula |
| 1944-47 | Fábrica de contadores Strömberg en Vaasa |
| | Viviendas Strömberg en Vaasa |
| 1945 | Viviendas de los ingenieros en Kauttua |
| 1945 | Sauna, Kauttua |
| 1945 | Pabellón de la exposición Artek en Hedemora, Suecia |
| 1945-46 | Aserradero en Varkaus, ampliación* |
| 1945-46 | Conjunto de viviendas unifamiliares en Varkaus |
| 1946 | Ciudad residencial Heimdal en Nynäshamn, Suecia, concurso |
| 1946 | Plan rector de Nynäshamn, Suecia, concurso |
| 1946 | Vivienda unifamiliar en Pihlava |
| 1946 | Sauna del chalet «Mairea», Noormarkku |
| 1947 | Sauna y lavandería Strömberg en Vaasa |
| 1947 | Instituto de investigación Johnson en Avesta, Suecia |
| 1947-48 | M.I.T. dormitorios de estudiantes, Cambridge, Mass., U.S.A.* |
| 1947-53 | Plan de equipamiento de Imatra* |
| 1948 | Forum redivivum, centro cultural y administrativo en Helsinki, concurso, 1.er premio |
| 1949 | Depósitos de la empresa Ahlström en Karhula |
| 1949 | Plan de conjunto de la Escuela politécnica de Otaniemi, 1.er premio |
| 1949 | Ayuntamiento de Säynätsalo, concurso, 1.er premio |
| 1949-50 | Viviendas Tampella en Tampere |
| 1950 | Iglesia de Lahti, concurso, 1.er premio |
| 1950 | Capilla funeraria de Malm en Helsinki, concurso, 1.er premio* |
| 1950 | Hospital de Kivelä en Helsinki, concurso |
| 1950 | Instituto Superior de Pedagogía en Jyväskylä, concurso, 1.er premio |
| 1950-52 | Nave de deportes en Otaniemi* |
| 1950-52 | Ayuntamiento de Säynätsalo* |
| 1950-55 | Plan de equipamiento de la región de Laponia |

| | |
|---|---|
| 1951 | Pabellón Erottaja, Helsinki |
| 1951 | Teatro regional en Kuopio, concurso, 1.<sup>er</sup> premio* |
| 1951 | Fábrica de papel Enso-Gutzeit en Kotka |
| 1951 | Vivienda unifamiliar en Oulu |
| 1951 | Viviendas de empleados de comercio, Inkeroinen |
| 1951-52 | Fábrica de sulfato Typpi OY en Oulu |
| 1951-52 | Edificio de alquiler para empleados de la Typpi OY en Oulu |
| 1951-53 | Fábrica de papel Enso-Gutzeit en Summa |
| 1951-54 | Fábrica de papel en Chandraghona, Pakistán |
| 1951-54 | Fábrica de celulosa en Sunila, 2.ª etapa |
| 1951-54 | Viviendas de tres plantas en Sunila, 3.<sup>er</sup> grupo* |
| 1952 | Edificio comercial Rautatalo en Helsinki, concurso, 1.<sup>er</sup> premio |
| 1952 | Cementerio y capilla funeraria de Kongens Lyngby, Copenhague, Dinamarca, concurso |
| 1952 | Casa de la Federación de ingenieros finlandeses en Helsinki |
| 1952 | Club Enso-Gutzeit en Kallvik |
| 1952-54 | Viviendas para el personal del instituto de trabajadores jubilados en Munkkiniemi |
| 1952 | Iglesia de Seinäjoki, concurso, 1.<sup>er</sup> premio |
| 1953 | Palacio de deportes y congresos, plaza Vogelweid, Viena, Austria, concurso, 1.<sup>er</sup> premio* |
| 1953 | Equipamiento del centro de la ciudad de Imatra |
| 1953 | Casa de verano del arquitecto en Muuratsalo* |
| 1953-55 | Edificio comercial Rautatalo en Helsinki* |
| 1953-56 | Instituto Superior de Pedagogía en Jyväskylä* |
| 1953-56 | Despacho del arquitecto en Munkkiniemi* |
| 1954 | Taller R. S. en Como, Italia |
| 1954 | Palacio de deportes de la Escuela politécnica de Otaniemi |
| 1954 | Vivienda AERO en Helsinki |
| 1955 | Proyecto de urbanización para Summa |
| 1955 | Banco en Bagdad, Irak, concurso |
| 1955 | Teatro y sala de conciertos en Oulu |
| 1955-57 | Edificio de alquiler del barrio de la Hansa en Berlín, Alemania* |
| 1955-57 | Ayuntamiento en Göteborg, Suecia, concurso, 1.<sup>er</sup> premio |
| 1955-58 | Casa de la cultura en Helsinki* |
| 1955-64 | Edificio principal de la Escuela politécnica de Otaniemi*/** |
| 1956 | Estación central de Göteborg «Drottning Troget», Suecia, concurso, 1.<sup>er</sup> premio |
| 1956 | Casa del director de la Typpi OY en Oulo |
| 1956 | Plan general de la universidad de Oulo |
| 1956 | Pabellón finlandés en la Bienal de Venecia, Italia |
| 1956-59 | Iglesia Vuoksenniska en Imatra* |
| 1956-59 | Chalet Louis Carré en Bazoches, Ille-de-France, Francia* |
| 1957 | Ayuntamiento de Marl, Alemania, concurso |
| 1957-61 | Ciudad residencial Korkalovaara en Rovaniemi |
| 1957-61 | Centro comercial Sundh en Avesta, Suecia |
| 1958 | Ayuntamiento de Kiruna, Suecia, concurso, 1.<sup>er</sup> premio* |
| 1958 | Museo de Bellas Artes en Aalborg, Dinamarca, concurso, 1.<sup>er</sup> premio* |
| 1958 | Museo de Bellas Artes en Bagdad, Irak |
| 1958 | Edificio de la administración de correos en Bagdad, Irak |
| 1958 | Ciudad residencial Kampementsbacken en Estocolmo, Suecia, concurso, 1.<sup>er</sup> premio* |
| 1958-60 | Iglesia de Seinäjoki** |
| 1958-62 | Torre de viviendas «Neue Vahr» en Bremen, Alemania */** |
| 1958-62 | Centro de la cultura en Wolfsburg, Alemania, concurso*/** |
| 1959 | Ópera de Essen, Alemania, concurso, 1.<sup>er</sup> premio* |
| 1959 | Ciudad residencial Björnholm en Helsinki* |
| 1959 | Centro urbano de Seinäjoki, concurso, 1.<sup>er</sup> premio*/** |
| 1959-62 | Museo de Finlandia central en Jyväskylä** |
| 1959-62 | Sede de la sociedad Enso-Gutzeit, Helsinki*/** |
| 1959-62 | Centro parroquial de Wolfsburg, Alemania** |

| | |
|---|---|
| 1959-64 | Nuevo centro de Helsinki*/** |
| 1960 | Memorial de la guerra, Suomussalmi |
| 1960-61 | Centro comercial en Otaniemi |
| 1960-63 | Central hidroeléctrica Lieksankoski, Lieksa |
| 1960-63 | Laboratorio termotécnico de la Escuela politécnica en Otaniemi |
| 1961-62 | Edificio comercial y de viviendas en Rovaniemi |
| 1961-64 | Ópera de Essen, Alemania** |
| 1961-65 | Ayuntamiento de Seinäjoki*/** |
| 1961-65 | Casa de la Asociación de Estudiantes Västmanland-Dala en Upsala, Suecia** |
| 1962 | Edificio de alquiler en Tapiola |
| 1962 | Banco Enskilda en Estocolmo, concurso, 2.° premio |
| 1962 | Centro cultural de Leverkusen, Alemania, concurso** |
| 1962-63 | Central térmica de la Escuela politécnica en Otaniemi** |
| 1962-63 | Ciudad residencial en Rovaniemi |
| 1962-64 | Edificio del Banco Nórdico en Helsinki** |
| 1962-66 | Ciudad universitaria en Otaniemi** |
| 1962-66 | Viviendas en Jakobstad |
| 1962-68 | Grandes Almacenes Stockmann, ampliación, Helsinki |
| 1962-68 | Casa del Norte en Reykjavik, Islandia** |
| 1962-71 | Palacio de congresos con sala de conciertos en Helsinki** |
| 1963 | Centro de la ciudad en Rovaniemi** |
| 1963 | Plan del centro de Otaniemi |
| 1963-65 | Instituto Internacional de Educación en Nueva York, U.S.A., interior** |
| 1963-65 | Biblioteca en Seinäjoki** |
| 1963-65 | Guardería infantil del Espíritu Santo en Wolfsburg, Alemania |
| 1963-66 | Piscina en Jyväskylä, ampliación |
| 1963-66 | Edificio de la Unión de estudiantes en Jyväskylä |
| 1963-66 | Centro parroquial de Seinäjoki** |
| 1963-68 | Biblioteca de Rovaniemi** |
| 1963-68 | Centro parroquial de Detmerode, Alemania** |
| 1964 | Edificio administrativo BP en Hamburgo, Alemania, concurso, 3.er premio |
| 1964 | Laboratorio de ensayos de madera en Otaniemi |
| 1964 | Centro administrativo y cultural en Jyväskylä** |
| 1964-65 | Vivienda unifamiliar en Rovaniemi |
| 1964-66 | Plan de urbanismo de Stensvik |
| 1964-66 | Ampliación del sanatorio antituberculoso de Paimio |
| 1964-67 | Caja de Ahorros Ekenäs, Tammisaari** |
| 1964-68 | Edificio administrativo de la Sociedad municipal de Electricidad en Helsinki |
| 1964-69 | Biblioteca de la Escuela politécnica en Otaniemi** |
| 1964-70 | Facultad de educación física de la universidad de Jyväskylä |
| 1965 | Centro urbano de Castrop-Rauxel, Alemania, concurso** |
| 1965-68 | Torres de viviendas «Schönbühl» en Lucerna, Suiza** |
| 1965-70 | Biblioteca del colegio benedictino en Mount Angel, Oregón** |
| 1966 | Ciudad experimental Gammelbacka, Porvoo |
| 1966 | Conjunto de viviendas en Pavía, Italia** |
| 1966 | Centro cultural en Siena, Italia** |
| 1966 | Teatro de Wolfsburg, Alemania, concurso 2.° premio |
| 1966 | Biblioteca municipal en Kokkola*** |
| 1966 | Centro parroquial Riola en Bolonia, Italia** |
| 1966 | Prototipo de un edificio administrativo y de almacenamiento de la Sociedad Ferrero en Turín, Italia |
| 1966-69 | Librería universitaria en Helsinki** |
| 1966-69 | Ayuntamiento de Alajärvi** |
| 1967 | Centro parroquial protestante en Zürich-Altstetten, concurso, 1.er premio** |
| 1967 | Casa Erica en Turín, Italia*** |
| 1967-69 | Casa Kokkonen cerca de Helsinki |
| 1968 | Teatro de Seinäjoki** |
| 1968-71 | Torre de agua de la escuela politécnica en Otaniemi |

251

| 1969 | Conjunto habitacional y restaurante junto al lago, Lucerna, Suiza |
|---|---|
| 1969-70 | Chalet Schildt en Tammisaari |
| 1969-70 | Centro parroquial de Alarjävi |
| 1969-73 | Museo de Bellas Artes en Aalborg, Dinamarca |
| 1969-75 | Teatro y casa de la Radio «Lappia» en Rovaniemi*** |
| 1969-75 | Ampliación del edificio principal de la universidad técnica en Otaniemi*** |
| 1970 | Iglesia de Lahti** |
| 1970 | Museo de bellas artes de Chiraz, Irán** |
| 1970 | Teatro de Alajärvi |
| 1970-75 | Anexión del palacio de congresos a la sala de conciertos «Finlandia» en Helsinki*** |
| 1971 | Nuevo centro urbano de Helsinki, 2.º proyecto*** |
| 1971-73 | Museo Alvar Aalto en Jyväskylä*** |
| 1972 | Teatro de Rovaniemi |
| 1973 | Palacio de congresos de Helsinki, ampliación |
| 1973 | Nuevo centro urbano de Helsinki, 3.ᵉʳ proyecto*** |
| 1974 | Centro cultural de la sociedad escandinava en Wisconsin (EE.UU.)*** |
| 1974-76 | Ampliación del edificio administrativo Enso-Gutzeit en Helsinki*** |
| 1975-76 | Proyecto de la universidad de Reykjavik (Islandia) |
| 1975 | Administración municipal de Jyväskylä, 1.ª etapa*** |

Las obras con * están descritas en detalle en el volumen I (aparecido en 1963), las obras con ** en el volumen II (aparecido en 1971) y las obras con *** en el volumen III (aparecido en 1978) de la obra completa (Ediciones de arquitectura Artemis, Zurich y Munich).

# Epílogo

Con esta nueva edición, a la que se han agregado algunos proyectos y construcciones, se completa la publicación de la obra de Alvar Aalto.

Aalto pertenecía a la generación que se propuso, una vez finalizada la primera guerra mundial, crear un mundo mejor. Al mismo tiempo, después de la declaración de la independencia, Finlandia estaba en pleno proceso de reconstrucción. Estos dos hechos fueron determinantes en la obra del arquitecto. Para Alvar Aalto la arquitectura era la forma de expresar sus experiencias vitales. «La arquitectura debe estar al servicio del hombre» era una de sus frases preferidas. También afirmaba que «uno de nuestros mayores problemas consiste en encontrar la forma acorde con nuestro tiempo, no sólo en arquitectura sino en todos los niveles de la vida». Él vivía cada una de sus obras. Ser arquitecto, además de la profesión en sí, era su auténtica vocación.

Como con respecto a su persona, entendía que cada obra era una unidad en sí misma. Basándose en esta idea, tanto el urbanismo como el diseño del accesorio más pequeño son arquitectura. Según Aalto, para llegar a la síntesis total es necesario analizar todo minuciosamente. Sus conocimientos y su concepción arquitectónica provienen de la vida misma y de la realidad circundante. No creía en las utopías. Su fe en el futuro provenía del conocimiento del hombre y de sus posibilidades.

He llegado a trabajar en estas publicaciones en forma casual más que intencionada. Todo comenzó en Helsinki, en 1955, cuando trabajaba en el despacho de Aalto. En aquella época no suponía que un día me encargaría de la publicación de toda la obra de Aalto. Es una larga historia en la que me hallaba entre dos frentes, haciendo de intermediario entre Aalto y los editores o bien esperando. Obtener todo el material de la vida de Aalto era difícil; acostumbraba decir: «... mi función no es la de publicar sino la de construir».

Esta nueva edición se completa con obras realizadas a lo largo de toda su vida. Por algunas razones no muy claras Aalto no quiso publicar algunos de sus proyectos sin los cuales su obra no estaría completa. La publicación de toda su obra se debe a la inestimable colaboración de la Sra. Elissa Aalto, la cual medió en todas las ocasiones para que se conocieran los trabajos que faltaban.

Para finalizar, agradezco a todas aquellas personas que han hecho posible la presente obra. En primer término, mi agradecimiento a Hans Girsberger, que colocó la piedra fundamental con la publicación del primer volumen. Bruno Mariacher, de la editorial Artemis de arquitectura, emprendió con gran energía la tarea comenzada; sin su entusiasmo por la arquitectura de Aalto estas publicaciones no hubieran sido posibles.

Karl Fleig

# Biografía

1898 Nacimiento de Hugo Henrik Alvar Aalto, el 3 de febrero en Kuortane. La familia vivió en Alajärvi hasta que los niños comenzaron a ir al colegio.
1916 Bachillerato. Comienza sus estudios de arquitectura en la sección de arquitectura de la escuela técnica superior de Helsinki.
1917 Declaración de la independencia de Finlandia. Aalto participa en la guerra por la independencia.
1921 Diploma de arquitecto.
1922 Primer trabajo independiente: la exposición industrial de Tampere. Primera publicación: «Motivos del pasado».
1923 Primer despacho propio de arquitectura en Jyväskyla.
1924 Matrimonio con la arquitectura Aino Marsio.
1925 Nacimiento de su hija Johanna.
1927 Traslado a Turku. Primer premio por la biblioteca comunal de Viipuri.
1928 Nacimiento de su hijo Hamilkar.
1928-29 1.er premio para el sanatorio antituberculoso en Paimio.
1929 Primeros ensayos con madera laminada empleada en la construcción de muebles.
1931 Exposición en Helsinki de viviendas mínimas.
1933 Inauguración del sanatorio antituberculoso en Paimio. Traslado a Helsinki. Primera expo-

sición de muebles en Londres. Congreso del C.I.A.M. en Atenas. Primera exposición en Zurich (Suiza). Exposición trienal en Milán (exposición de muebles).

1934 Exposición de muebles en el salón Strindberg en Helsinki. Exposición de viviendas estándar en el museo Liljevalks en Estocolmo.

1935 Fundación de la firma Artek.

1936 Terminación de su vivienda con despacho en Munkkiniemi (Helsinki). Concurso de la vidriería Karhula. Entre otros, premio al jarrón Savoy.

1938 Primer viaje a Estados Unidos. Exposición en el Museum of Modern Art, Nueva York, Harvard, Yale, Seattle. Exposición Golden Gate en San Francisco.

1939 Exposición mundial en Nueva York (pabellón finlandés). Primera exposición finlandesa sobre la vivienda.

1940 Viaje a U.S.A. con una exposición sobre la destrucción en Finlandia por la guerra. Contrato en el M.I.T. para investigar los problemas de la reconstrucción. La familia vive en U.S.A. desde marzo hasta octubre.

1941 Conferencia en la ETH de Zurich sobre los problemas de la reconstrucción en Europa.

1942 Fundación del Comité de Reconstrucción por la Sociedad Finlandesa de arquitectos. Por iniciativa de Aalto, fundación del Instituto Finlandés de prefabricación.

1943 Viaje con un grupo de arquitectos finlandeses para estudiar los problemas de la reconstrucción de la Alemania destruida por la guerra.

1943-58 Presidente de la Sociedad Finlandesa de arquitectos SAFA.

1944 Comité de estudio de la reconstrucción de Finlandia después de la guerra.

1946 Proyecto de la residencia estudiantil del M.I.T. en Boston.

1946-48 Profesor invitado del M.I.T. (Estados Unidos).

1949 Fallecimiento de Aino Aalto Marsio.

1950 Pabellón Erottaja, primer proyecto en Helsinki. Exposición en la Ecole des Beaux Arts, París.

1952 Matrimonio con la arquitecto Elissa Mäkiniemi.

1953 Primera exposición «Finlandia construye» en Helsinki, por iniciativa de Aalto.

1955 Miembro de la Academia Finlandesa. Terminación del gran despacho en Munkkiniemi.

1956-58 Invitacinn a Nueva York como experto para el proyecto «Lincoln Center for the performing arts».

1958 Miembro del jurado en el concurso de ideas urbanísticas «Berlín, capital».

1960-75 Viajes anuales a Suiza.

1961 Viaje a Estados Unidos para estudiar los edificios comerciales: Chicago, Detroit, Pittsburg, Nueva York. Presentación del primer proyecto para el centro urbano de Helsinki.

1963 Presidente de la Academia Finlandesa.

1966 Conferencia en Helsinki sobre el tema: «El planeamiento del gran Helsinki».

1976 Fallecimiento de Aalto el 11 de mayo, en Helsinki.


## Lista de fotógrafos

Morley Baer, Berkeley; Rolf Dahlström, Helsinki; Karl Fleig, Zurich; Robert Gnat, Zurich; Peter Grünert, Zurich; Heikki Havas, Helsinki; H. Heidersberger, Wolfsburg; Holmström, Ekenäs; Kalevi Hujanen OY, Helsinki; H. Iffland, Helsinki; Eva und Pertti Ingervo, Helsinki; Peter Kaiser, Zurich; Mikko Karjanoja; Kleine-Tebbe, Bremen; Pekka Laurila, Helsinki; Wolf Lücking, Berlín; Mats Wibe Lund, Reykjavik; Eino Mäkinen, Helsinki; Kalevi A. Mäkinen, Seinäjoki; Leonardo Mosso, Turin; O. Pfeiffer, Luzern; Pietinen, Seinäjoki; István Rácz, Helsinki; Simo Rista, Helsinki; Roos, Helsinki; Matti Saanio, Rovaniemi; Lisbeth Sachs, Zurich; Ezra Stoller, Nueva York; Karl und Helma Toelle, Berlín-Lichterfelde; Valokuva Oy., Kolmio; Gustav Velin, Turku.

## List of buildings and projects 1918-1976

| | |
|---|---|
| 1918 | Conversion to the architect's parents house in Alajärvi |
| 1918 | Bell tower in Kauhajärvi |
| 1921-22 | Building for patriotic organizations in Seinäjoki |
| 1922 | Industrial exposition in Tampere |
| 1922-23 | House divided into two apartments in Jyväskylä |
| 1923 | Workers' house in Jyväskylä; competiton: 1st prize |
| 1923-24 | Rented apartment building in Jyväskylä |
| 1923-25 | Workers' house in Jyväskylä |
| 1924 | Aeänekoski church, restoration |
| 1924 | Anttola church, restoration |
| 1925 | Office in Jyväskylä |
| 1925 | Building for patriotic organizations; competition: 2nd prize |
| 1925 | Jämsä church; competition |
| 1925 | Viitasaari church; conversion |
| 1926-29 | Muurame church |
| 1927 | Töölö church in Helsinki, competition |
| 1927 | Viinikka church in Tampere; competition: 2nd prize |
| 1927 | Pylkönmäki church, restoration and belltower |
| 1927 | Municipal library in Viipuri; competition: 1st prize |
| 1927-28 | Standart rented apartment building, Turku |
| 1927-29 | Agricultural co-operative and Finnish theatre building, Turku |
| 1927-29 | Building for patriotic organizations in Jyväskylä |
| 1927-29 | Turun Sanomat newspaper building in Turku* |
| 1928 | Antituberculosis sanatorium in Paimio; competition: 1st prize |
| 1928 | Aitta summer houses; competition: 1st prize |
| 1928 | Korpilahti church, restoration |
| 1929 | Kemijärvi church, restoration |
| 1929 | Exhibition for the 700th anniversary of Turku* |
| 1929-33 | Tuberculosis sanatorium in Paimio* |
| 1930 | Institute of physical education in Vierumäki; competition: 3rd prize |
| 1930 | Michele Agricola church in Helsinki; competition |
| 1930 | Stadium and sports centre, Helsinki; competition |
| 1930 | University hospital in Zagreb, Yugoslavia; competition |
| 1930-31 | Cellulose factory in Topila, Oulu |
| 1930-35 | Municipal library, Viipuri, destroyed in 1943 |
| 1932 | Helsinki stadium; competition |
| 1932 | Prefabricated private house; competition |
| 1932 | Enso-Gutzeit weekend house; competition |
| 1933 | Staff housing for Paimio* |
| 1933 | Row of doctors' houses for Paimio sanatorium |
| 1933 | Plan for sanitation in Norrmalm, Stockholm, Sweden; competition |
| 1934 | Tampere railway station; competition |
| 1934 | Stenius housing development in Munkkiniemi |
| 1934 | Exposition pavilion in Helsinki; competition: 3rd prize |
| 1934-36 | Architect's office in Munkkiniemi* |
| 1935 | Finnish pavilion for the Universal Exposition in Paris; competition: 1st and 2nd prizes |
| 1935-39 | Cellulose factory in Sunila, 1st phase of construction* |
| 1936 | Museum of Fine Art in Tallinn, Estonia; competition |
| 1936-37 | Finnish pavilion for the Universal Exposition in Paris* |
| 1937 | Savoy restaurant in Helsinki |
| 1937 | Housing development in Kattua; competition |
| 1937 | Nordic Bank in Karhula |
| 1937 | Finnish pavilion for the Universal Exposition in New York; competition: 1st, 2nd and 3rd prizes |
| 1937-38 | House for the managing director in Sunila |

| | |
|---|---|
| 1937-38 | Two storey houses in Sunila* |
| 1937-38 | Two storey houses in Sunila, 1st group* |
| 1937-38 | Two storey houses in Sunila, 2nd group* |
| 1937-39 | Chalet "Mairea" in Noormarkku* |
| 1937-40 | Tiered houses in Kauttua* |
| 1938 | Forest economy pavilion for the Lapua agricultural exposition |
| 1938 | Blomberg studio in Westend, Helsinki; competition |
| 1938 | Extension to the library of Helsinki University; competition: 2nd prize |
| 1938 | Anjala paper factory in Inkeroinen |
| 1938-39 | Three storey houses in Sunila, 1st group* |
| 1938-39 | Finnish pavilion for the Universal Exposition in New York* |
| 1938-39 | Three storey houses in Sunila, 2nd group* |
| 1938-39 | Primary school in Inkeroinen |
| 1938-39 | Anjala rented apartment buildings in Inkeroinen, 1st group |
| 1938-39 | Anjala houses in Inkeroinen, 2nd group |
| 1938-39 | Houses for the Anjala engineers, Inkeroinen |
| 1939-45 | Ahlström rented apartment buildings in Karhula |
| 1940 | Haka housing development, Helsinki; competition |
| 1940 | Traffic plan and layout for Erottaja square in Helsinki; competition: 1st prize |
| 1941 | Plan for an experimental city |
| 1941-42 | Services and facilities for the valley of Kokemäki |
| 1942-46 | Urban development project for Säynätsalo |
| 1942-43 | Women's dormitory, Kauttua |
| 1943 | Oulu town centre; competition |
| 1943 | Hydroelectric plant in Merikoski, Oulu; competition |
| 1944 | Avesta town centre, Sweden; competition |
| 1944 | Strömberg housing development in Vaasa |
| 1944 | Factory extension in Kauttua |
| 1944-45 | Urban development project for Rovaniemi |
| 1944-45 | Ahlström machine shop in Karhula |
| 1944-47 | Strömberg meter factory in Vaasa |
| | Strömberg housing in Vaasa |
| 1945 | Houses for engineers in Kauttua |
| 1945 | Sauna, Kauttua |
| 1945 | Artek exhibition pavilion in Hedemora, Sweden |
| 1945-46 | Extension to the sawmill in Varkaus* |
| 1945-46 | Group of single-family houses in Varkaus |
| 1946 | Heimdal housing development in Nynäshamn, Sweden; competition |
| 1946 | Development plan for Nynäshamn, Sweden; competition |
| 1946 | House in Pihlava |
| 1946 | Sauna for the "Mairea" chalet, Noormarkku |
| 1947 | Strömberg sauna and laundry in Vaasa |
| 1947 | Johnson research institute in Avesta, Sweden |
| 1947-48 | Student dormitories for M.I.T., Cambridge, Mass., U.S.A.* |
| 1947-53 | Plan of services and facilities for Imatra |
| 1948 | Forum redivivum cultural and administrative centre in Helsinki; competition: 1st prize |
| 1949 | Stores for the Ahlström company in Karhula |
| 1949 | Overall plan for Otaniemi Polytechnic: 1st prize |
| 1949 | Town hall in Säynätsalo; competition: 1st prize |
| 1949-50 | Tampella houses in Tampere |
| 1950 | Lahti church; competition: 1st prize |
| 1950 | Malm funeral chapel in Helsinki; competition: 1st prize |
| 1950 | Kivelä hospital in Helsinki; competition |
| 1950 | Higher Institute of Pedagogy in Jyväskylä; competition: 1st prize |
| 1950-52 | Sports hall in Otaniemi* |
| 1950-52 | Town hall in Säynätsalo |
| 1950-55 | Plan of services and facilities for the Laponia region |
| 1951 | Erottaja pavilion, Helsinki |

| | |
|---|---|
| 1951 | Regional theatre in Kuopio; competition: 1st prize |
| 1951 | Enso-Gutzeit paper factory in Kotka |
| 1951 | House in Oulu |
| 1951 | Staff houses, Inkeroinen |
| 1951-52 | Typpi OY sulphate factory in Oulu |
| 1951-52 | Rented apartment building for Typpi OY employees in Oulu |
| 1951-53 | Enso-Gutzeit paper factory in Summa |
| 1951-54 | Paper factory in Chandraghona, Pakistan |
| 1951-54 | Cellulose factory in Sunila, 2nd phase |
| 1951-54 | Three storey houses in Sunila, 3rd group |
| 1952 | Rautatalo commercial building in Helsinki; competition: 1st prize |
| 1952 | Cemetery and funeral chapel in Kongens Lyngby, Copenhagen, Denmark; competition |
| 1952 | Headquarters of the Federation of Finnish Engineers in Helsinki |
| 1952 | Enso-Gutzeit Club in Kallvik |
| 1952-54 | Staff houses for the institute of retired workers in Munkkiniemi |
| 1952 | Seinäjoki church; competition: 1st prize |
| 1953 | Sports and conference centre, Vogelweid square, Vienna, Austria; competition: 1st prize* |
| 1953 | Services and facilities for Imatra city centre |
| 1953 | The architect's summer house in Muuratsalo* |
| 1953-55 | Rautatalo commercial building in Helsinki* |
| 1953-56 | Higher Institute of Pedagogy in Jyväskylä* |
| 1953-56 | The architect's office in Munkkiniemi* |
| 1954 | R.S. workshop in Como, Italy |
| 1954 | Sports centre for Otaniemi Polyhtechnic |
| 1954 | AERO house in Helsinki |
| 1955 | Urban development for Summa |
| 1955 | Bank in Baghdad, Iraq; competition |
| 1955 | Theatre and concert hall in Oulu |
| 1955-57 | Rented apartment building in the Hansa district of Berlin, Germany* |
| 1955-57 | Göteborg town hall, Sweden; competition: 1st prize |
| 1955-58 | House of Culture, Helsinki* |
| 1955-64 | Main building of Otaniemi Polytechnic*/** |
| 1956 | "Drottning Troget" main railway station, Göteborg, Sweden; competition: 1st prize |
| 1956 | House for the managing director of Typpi OY in Oulu |
| 1956 | General plan for the university in Oulu |
| 1956 | Finnish pavilion for the Venice Biennale, Italy |
| 1956-59 | Vuoksenniska church in Imatra* |
| 1956-59 | Louis Carré house, Bazoches-sur-Guyonne, Ille-de-France, France* |
| 1957 | Town hall, Marl, Germany; competition |
| 1957-61 | Korkalovaara housing development in Rovaniemi |
| 1957-61 | Sundh commercial centre in Avesta, Sweden |
| 1958 | Town hall, Kiruna, Sweden; competition: 1st prize* |
| 1958 | Museum of Fine Art in Aalborg, Denmark; competition: 1st prize* |
| 1958 | Museum of Fine Art in Baghdad, Iraq |
| 1958 | Post office administration building, Baghdad, Iraq |
| 1958 | Kampementsbacken housing development in Stockholm, Sweden; competition: 1st prize* |
| 1958-60 | Seinäjoki church** |
| 1958-62 | "Neue Vahr" apartment block, Bremen, Germany*/** |
| 1958-62 | Cultural centre in Wolfsburg, Germany; competition*/** |
| 1959 | Opera house, Essen, Germany; competition: 1st prize* |
| 1959 | Björnholm housing development in Helsinki* |
| 1959 | Seinäjoki town centre; competition: 1st prize*/** |
| 1959-62 | Museum of central Finland in Jyväskylä** |
| 1959-62 | Headquarters of the Enso-Gutzeit company, Helsinki*/** |
| 1959-62 | Parish centre in Wolfsburg, Germany** |
| 1959-64 | New town centre, Helsinki*/** |
| 1960 | War memorial, Suomussalmi |
| 1960-61 | Commercial centre in Otaniemi |

9 – KARL FLEIG

| | |
|---|---|
| 1960-63 | Lieksankosko hydroelectric plant, Lieksa |
| 1960-63 | Thermotechnical laboratory for Otaniemi Polytechnic |
| 1961-62 | Commercial and residential building in Rovaniemi |
| 1961-64 | Opera house in Essen, Gemany** |
| 1961-65 | Town hall, Seinäjoki*/** |
| 1961-65 | Headquarters for the Västmanland-Dala studens' association in Upsala, Sweden** |
| 1962 | Rented apartment building in Tapiola |
| 1962 | Enskilda Bank in Stockholm; competition: 2nd prize |
| 1962 | Cultural centre in Leverkusen, Germany; competition** |
| 1962-63 | Heating plant for Otaniemi Polytechnic** |
| 1962-63 | Housing development in Rovaniemi |
| 1962-64 | Nordic Bank building in Helsinki** |
| 1962-66 | University city, Otaniemi** |
| 1962-66 | Housing in Jakobstad |
| 1962-68 | Stockmann department store (extension) Helsinki |
| 1962-69 | House of the North, Reykjavik, Iceland** |
| 1962-71 | Conference centre and concert hall in Helsinki** |
| 1963 | Rovaniemi city centre** |
| 1963 | Plan for Otaniemi town centre |
| 1963-65 | Institute of International Education in New York, U.S.A. (interior)** |
| 1963-65 | Library in Seinäjoki** |
| 1963-65 | Holy Spirit kindergarten in Wolfsburg, Germany |
| 1963-66 | Swimming pool in Jyväskylä (extension) |
| 1963-66 | Building for the students' union in Jyväskylä |
| 1963-66 | Parish centre in Seinäjoki** |
| 1963-68 | Library in Rovaniemi** |
| 1963-68 | Parish centre in Detmerode, Germany** |
| 1964 | BP administrative building in Hamburg, Germany; competition; 3rd prize |
| 1964 | Laboratory for the study of wood in Otaniemi |
| 1964 | Administrative and cultural centre in Jyväskylä** |
| 1964-65 | House in Rovaniemi |
| 1964-66 | Plan for urban development for Stensvik |
| 1964-66 | Extension to the antituberculosis sanatorium in Paimio |
| 1964-67 | Ekenäs Savings Bank, Tammisaari** |
| 1964-68 | Administrative building for the municipal Electricity Board in Helsinki |
| 1964-69 | Library for Otaniemi Polytechnic** |
| 1964-70 | Physical Education Department for Jyväskylä University |
| 1965 | Town centre for Castrop-Rauxel, Germany; competition** |
| 1965-68 | "Schönbühl" apartment blocks, Lucerne, Switzerland** |
| 1965-70 | Library for the Benedictine college in Mount Angel, Oregon** |
| 1966 | Gammelbacka experimental housing development, Porvoo |
| 1966 | Housing complex, Pavia, Italy** |
| 1966 | Cultural centre in Siena, Italy** |
| 1966 | Theatre in Wolfsburg, Germany; competition: 2nd prize |
| 1966 | Municipal library in Kokkola*** |
| 1966 | Riola parish centre in Bologna, Italy** |
| 1966 | Prototype of an administrative and storage building for the Ferrero company in Turin, Italy |
| 1966-69 | University library in Helsinki** |
| 1966-69 | Town hall, Alajärvi** |
| 1967 | Prostestant parish centre in Zürich-Altstetten; competition: 1st prize** |
| 1967 | Erica house in Turin, Italy*** |
| 1967-69 | Kokkonen house near Helsinki |
| 1968 | Theatre in Seinäjoki** |
| 1968-71 | Water tower for Otaniemi Polytechnic |
| 1969 | Lakeside housing development and restaurant, Lucerne, Switzerland |
| 1969-70 | Schildt house in Tammisaari |
| 1969-70 | Parish centre in Alajärvi |
| 1969-73 | Museum of Fine Art in Aalborg, Denmark |

| 1969-75 | "Lappia" radio building and theatre in Rovaniemi*** |
|---------|------------------------------------------------|
| 1969-75 | Extension to the main building of Otaniemi Polytechnic*** |
| 1970 | Church, Lahti** |
| 1970 | Museum of Fine Art, Chiraz, Irán** |
| 1970 | Theatre, Alajärvi |
| 1970-75 | Annexation of the conference centre to the "Finlandia" concert hall in Helsinki*** |
| 1971 | New town centre in Helsinki, 2nd project*** |
| 1971-73 | Alvar Aalto Museum in Jyväskylä*** |
| 1972 | Theatre in Rovaniemi |
| 1973 | Congress hall in Helsinki (extension) |
| 1973 | New town centre in Helsinki, 3rd project*** |
| 1974 | Cultural centre for the Scandinavian community in Wisconsin (U.S.A)*** |
| 1974-76 | Extension to the Enso-Gutzeit administrative building in Helsinki*** |
| 1975-76 | Project for the University of Reykjavik, Iceland |
| 1975 | Municipal administration building for Jyväskylä, 1st phase*** |

The projects marked * are described in detail in volume I (published in 1963), those marked ** in volume II (published in 1971) and those marked *** in volume III (published in 1978) of the collected works (Artemis architectural press, Zurich and Munich).

## Afterword

This new edition, which contains a number of additional projects, completes the publication of Alvar Aalto's work.

Aalto belonged to that generation which set for itself, the First World War having ended, the creation of a better world. At the same time, with the declaration of independence, Finland was in the middle of full-scale reconstruction. These two facts had a determining influence on the architect's work. For Alvar Aalto architecture was the form of expression of his vital experiences. «Architecture ought to be in the service of man» was one of his favourite sayings. He also maintained that «one of our greatest problems is the discovery of the form in keeping with our time, not only in architecture but in every aspect of life». He lived every one of his works. Being an architect, in addition to the profession itself, was his authentic vocation.

As regards personality, he understood that each work was an entity in itself. Basing himself on this idea, both urban design and the design of the smallest detail are forms of architecture. According to Aalto, to arrive at complete synthesis it is necessary to analyse everything minutely. His understanding and his conception of architecture are drawn from life itself and the reality around us. He did not believe in utopias. His faith in the future was based on his understanding of human beings and their possibilities. I have come to be working on these publications more by chance than by intention. It all began in Helsinki, in 1955, when I was working in Aalto's office. At that time I had no idea that one day I would be responsible for the publication of the entire work of Aalto. It is a long story, in which I was often under pressure from two directions, acting as intermediary between Aalto and the publishers or simply waiting. Obtaining the entire lifetime's output of Aalto was difficult; he used to say: «... my function isn't publication but construction».

This new edition has been completed with the addition of projects from all periods of his life. For reasons which have never been very clear Aalto was opposed to the publication of some of his projects, without which his work would not be complete. The publication of his work in its entirety is due to the inestimable collaboration of Madam Elissa Aalto, who participated at every opportunity to make those missing projects known.

In concluding, I give my thanks to all those who have made the present work possible. First and foremost, my grateful thanks to Hans Girsberger, who laid the foundation stone with the publication of the first volume. Bruno Mariacher, of Artemis architectural press, took up the task thus begun with great energy; without his enthusiasm for Aalto's architecture these publications would not have been possible.

Karl Flieg

## Biography

1898 Birth of Hugo Henrik Alvar Aalto, on the 3rd of February, in Kuortane. The family lived in Alajärvi until the children began their secondary schooling.

1916 Having completed his secondary education he started his study of architecture in the Architecture Department of the Higher Technical School in Helsinki.

1917 Declaration of the independence of Finland. Aalto took part in the war of independence.

1921 Qualified as an architect.

1922 First independent project: the industrial exposition in Tampere. First publication: «Motifs of the past».

1923 Opens his own office in Jyväskylä.

1924 Marries the architect Aino Marsio.

1925 Birth of their daughter Johanna.

1927 Move to Turku. First prize for the public library in Viipuri.

1928 Birth of their son Hamilkar.

1928-29 1st prize for the tuberculosis sanatorium in Paimio.

1929 First experiments with wood laminates in the production of furniture.

1931 Minimal housing exhibition in Helsinki.

1933 Inauguration of the tuberculosis sanatorium in Paimio. Move to Helsinki. First exhibition of furniture in London. C.I.A.M. conference in Athens. First exhibition in Zurich (Switzerland). Triennale exhibition of furniture in Milan.

1934 Exhibition of furniture in the Strindberg gallery in Helsinki. Exhibition of standardized housing in the Liljevalks museum in Stockholm.

1935 Foundation of the Artek company.

1936 Completion of his house-cum-studio in Munkkiniemi (Helsinki). Competition for glassware held by the Karhula company. Amongst other prizes, one for the Savoy vase.

1938 First visit to the United States. Exhibition in the Museum of Modern Art, New York, Harvard, Yale, Seattle. Golden Gate exhibition in San Francisco.

1939 World exhibition in New York (Finnish pavilion). First Finnish exhibition dedicated to housing.

1940 Visits America with an exhibition concerning the destruction in Finland as a result of the war. Contract at M.I.T. to research into the problems of reconstruction. The family lives in the U.S.A. from March to October.

1941 Conference in the ETH in Zurich on the problems of reconstruction in Europe.

1942 The Finnish architects' association founds the Reconstruction Committee. On Aalto's initiative the Finnish Institute of Prefabrication is set up.

1943 Travels to Germany with a group of Finnish architects to study the problems of reconstruction of war damage.

1943-58 President of the Finnish architects' association SAFA.

1944 Committee to study the post-war reconstruction of Finland.

1946 Project for the student residence at the M.I.T. in Boston.

1946-48 Guest lecturer at the M.I.T. (United States).

1949 Death of Aino Aalto Marsio.

1950 Erottaja pavilion, his first project in Helsinki. Exhibition in the Ecole des Beaux Arts in Paris.

1952 Marriage to the architect Elissa Mäkiniemi.

1953 First «Finland constructs» exhibition in Helsinki, on Aalto's initiative.

1955 Member of the Finnish Academy. Completion of the large office-studio in Munkkimiemi.

1956-58 Invited to New York to give expert assistance in the «Lincoln Centre for the Performing Arts» project.

1958 Member of the jury for the urban design ideas competition «Berlin, capital».

1960-75 Annual visits to Switzerland.

1961 Visits the United States to study commercial buildings: Chicago, Detroit, Pittsburgh, New York. Presents the first project for the city centre of Helsinki.

1963 President of the Finnish Academy.

1966 Conference in Helsinki on the theme of «The Planning of the Great Helsinki».

1976 Death of Aalto on the 11th of May, in Helsinki.

## List of photographers

Morley Baer, Berkeley; Rolf Dahlström, Helsinki; Karl Fleig, Zurich; Robert Gnat, Zurich; Peter Grünert, Zurich; Heikki Havas, Helsinki; H. Heidersberger, Wolfsburg; Holmström, Ekenäs; Kalevi Hujanen OY, Helsinki; H. Iffland, Helsinki; Eva and Pertti Ingervo, Helsinki; Peter Kaiser, Zurich; Mikko Karjanoja; Kleine-Tebbe, Bremen; Pekka Laurila, Helsinki; Wolf Lücking, Berlin; Mats Wibe Lund, Reykjavik; Eino Mäkinen, Helsinki; Kalevi A. Mäkinen, Seinäjoki; Leonardo Mosso, Turin; O. Pfeiffer, Lucerne; Pietinen, Seinäjoki; István Rácz, Helsinki; Simo Rista, Helsinki; Roos, Helsinki; Matti Saanio, Rovaniemi; Lisbeth Sachs, Zurich; Ezra Stoller, New York; Karl and Helma Toelle, Berlin-Lichterfelde; Valokuva Oy, Kolmio; Gustav Velin, Turku.

Colección **Obras y proyectos/*Works and Projects* Series**

| | |
|---|---|
| Karl Fleig | **Alvar Aalto** |
| Bartomeu Cruells | **Ricardo Bofill** |
| Emilio Pizzi | **Mario Botta** |
| Willy Boesiger | **Le Corbusier** |
| Jan Molema | **Jan Duiker** |
| Xavier Güell | **Antoni Gaudí** |
| Félix Solaguren-Beascoa de Corral | **Arne Jacobsen** |
| Romaldo Giurgola | **Louis I. Kahn** |
| Werner Blaser | **Ludwig Mies van der Rohe** |
| Gianni Braghieri | **Aldo Rossi** |
| Jaume Freixa | **Josep Lluís Sert** |
| H.R. von der Mühl/Udo Kultermann | **Kenzo Tange** |